John Coleman

ROTHSCHILD HANEDANI

OMNIA VERITAS®

John Coleman

John Coleman, İngiliz bir yazar ve eski Gizli İstihbarat Servisi üyesidir. Coleman, Roma Kulübü, Giorgio Cini Vakfı, Forbes Global 2000, Dinlerarası Barış Kolokyumu, Tavistock Enstitüsü, Kara Asiller ve Yeni Dünya Düzeni temalı diğer kuruluşlar hakkında çeşitli analizler yapmıştır.

Rothschild Hanedanı

The Rothschild Dynasty

Çeviri ve yayın: Omnia Veritas Limited

OMNIA VERITAS®

www.omnia-veritas.com

The Committee of 300 kitabının yazarı Dr. John Coleman, "Kırmızı Kalkan" hanedanının kurucusu Mayer Amschel'in ilk servetini nasıl elde ettiğini anlatıyor. Bu, Judenstrasse, Frankfurt am Main, Almanya'da eşi ve ailesiyle birlikte yaşadığı küçük bir evde paçavra ve kemik tüccarı ve rehinci olarak işe başlayan bu adamı hâlâ çevreleyen efsanelerden ve mitlerden çok uzak bir hikaye.

Tarihe atfedilen olaylar genellikle, kralların, prenslerin ve hükümdarların iplerini perde arkasından çeken "gizli bir el" tarafından tetiklenir. Bu kitap, bu olguyu açıklıyor ve Rothschildlar etrafında gelişen efsaneleri çürütürken, Napolyon ve Rusya Çarı II. Alexander gibi adamları deviren Rothschild entrikalarını da ortaya koyuyor.

Efsanelere göre, Mayer Amschel Rothschild'in "dehası ve finansal becerileri" oğullarına miras kalmıştır, ancak gerçek oldukça farklıdır. Dr. Coleman, ailenin gerçek karakterini gizleyen en bilinen efsanelerin çok ötesine geçen, iyi belgelenmiş bu anlatımda bunu çok net bir şekilde ortaya koymaktadır.

Mayer Amschel Rothschild'in tam olarak nasıl "şanslı" olduğu ve ailesini bilinmezlikten "tüm Avrupa'nın fiili hükümdarları" konumuna getiren adımları, okurları büyüleyecek bir okuma sunuyor.

Bu olağanüstü kitap sadece geçmişle ilgili değil, aynı zamanda günümüz ve gelecekle de ilgilidir. Irak savaşı ve İran'a yönelik savaş tehditleri gibi sıradan insanları şaşkına çeviren birçok olayı açıklamaya yardımcı olacaktır.

ÖNSÖZ

Genellikle baba ve beş oğlundan oluşan Rothschild ailesi, fırsatları değerlendirme, kazanımlarını gerçekleştirme konusundaki kararlılığı ve onları istemeyen aristokrasi dünyasına girişiyle gerçekten de bir başarı öyküsüdür. Bazıları, Mayer Amschel Rothschild'in eline ve kontrolüne geçen devasa serveti bir "fırsat" olarak nitelendirmeyi küstahlık olarak görebilirken, diğerleri bunu kendisine emanet edilen fonların zimmetine geçirilmesinden başka bir şey olarak görmez ve genel kabul gören anlamıyla bir "fırsat" olarak değerlendirmeyebilir.

Bununla birlikte, Mayer Amschel için bu, onu rehinci ve ikinci el eşya satıcılığı hayatından, iktidarın en üst kademelerine taşıyan bir lütuftu; Yahudilerin, yaşadıkları prenslikler ve ulusların halklarıyla aralarında kalıcı bir engel oluşturmak üzere tasarlanmış birçok medeni yasa ile kısıtlandığı o dönemin tarihini göz önüne alındığında, bu olağanüstü bir başarıydı. Sınıf ayrımı, yönetici aristokrasinin bir parçası olmayan bir Yahudi olmayan kişi için bile ürkütücü olabilecek bir başka büyük engeldi.

Sınıflar arası geçiş duyulmamış bir şeydi ve ayrım sert ve sıkı bir şekilde uygulanıyordu, özellikle de Rothschild hanedanının olağanüstü tarihine başladığı Almanya'nın Frankfurt am Main kentinde. Mayer Amschel Rothschild'in resmi eğitimi neredeyse hiç yoktu; ailesinin bir sloganı yoktu, ancak onda amaç konusunda azim ve dinine güçlü bir inanç vardı. Onunki, Frankfurt'un yabancı gettosunda bir "yabancı" ev olan burjuva bir evdi.

Kurnazlığı ve bazı acımasız eleştirmenlerin "doğuştan gelen kurnazlık" olarak adlandırdığı özelliği sayesinde, Mayer Amschel Rothschild, kendisini dışlayan ve hatta hor gören aristokrat ailelerin baş döndürücü dünyasına girmeyi başardı. Ancak Hesse Landgrafı ‘le tanışmasının "şansı" (ya da hangi tarafta olduğuna bağlı olarak "talihsizliği") olmasaydı, Mayer Amschel Rothschild hayatının geri kalanında tanınmayan bir rehinci ve paçavra ve hurda satıcısı olarak kalacaktı. Kendisini, kökeninden gurur duyduğu bir Yahudi olarak tanıtması gerekmiyordu; Mayer Amschel kökenini saklamaya da hiç çalışmadı. Aksine, Frankfurt’taki Yahudilere karşı, Avrupa’nın tüm uluslarına yayılan amansız muhalefete rağmen, bununla gurur duyuyordu.

Tarihin bize inandırdığı gibi Avrupa ulusları arasında en "medeni" olan İngiltere, Yahudilere karşı özellikle şiddetli bir muhalefet sergilemişti. Ülkenin önde gelen isimleri, eğitimli adamlar bile, Yahudilerden en aşağılayıcı ifadelerle bahsetmekten çekinmiyorlardı.

Örneğin, Gladstone’un biyografi yazarı Edward Freeman’a göre, Lord Gladstone, Rothschildların "uşağı" olan Disraeli’den sık sık "o iğrenç Yahudi" olarak bahsederdi. Piskopos Wilberforce, Disraeli’yi aşağılayıcı bir şekilde "Doğu Yahudisi" olarak nitelendirirdi.

Bismarck onu “İbrani sihirbaz” olarak adlandırdı ve Carlyle ise “saçma Yahudi çocuk” olarak nitelendirdi.

Bunları, 18. ve 19. yüzyıllarda iş ve finans dünyasında iktidara ulaşmayı arzulayan eğitimli Yahudiler dahil olmak üzere, Yahudilerin ne kadar büyük zorluklarla karşı karşıya kaldıklarını göstermek için örnek olarak veriyorum. Bazı tarihçiler ve yazarlar, Rothschildların iktidara gelmek için tarihlerini ve başarılarını uydurduklarını iddia ederler. Onların etkileyici varlığı tarihte büyük bir fark yaratmıştır ve Avrupa uluslarının siyasi ve ekonomik yaşamındaki hiçbir önemli olayın, ne kadar gizli ve dolaylı olursa olsun, bir şekilde veya bir yerde

Rothschildları içermediği söylenemez.

Birçok kişinin zihninde Rothschildlar her zaman muazzam bir servetle ilişkilendirilecektir, ancak bu servetin getirdiği güç, olması gerektiği kadar iyi tanınmamaktadır. Çünkü Rothschildlar, sadece rahat bir hayat sürmek için muazzam bir servet peşinde değillerdi. Onlar, tüm ulusların önde gelen güç brokerleri üzerinde kontrol sahibi olmak için servet peşindeydiler; bu brokerler aracılığıyla ulusları kontrol ettiler ve bu kontrol günümüze kadar uzanmaktadır. Rothschildlar bir boşlukta yaşamadılar; aksine milyonlarca insanın hayatını etkilediler. Lionel Rothschild kendini eşsiz olarak görmeyi severdi ve belki de bu doğrudur. Kardeşleri gibi onun da eşsiz bir servete sahip olduğu doğrudur, ancak ne kadar zengin olduğu kamuoyuna açıklanmamıştır. Bir şey doğru değildir; Rothschildlar, yaşadıkları ülkelerin para birimlerinin enflasyonundan servet kazanmadılar. Rothschild ailesinin üyelerinin gerçek karakterini ve onları paraya olan takıntılarına ve doyumsuz güç hırslarına iten şeyin ne olduğunu anlamamıza yardımcı olacak gerçek bir referans noktası yoktur.

Çoğunlukla, Avrupa ve Büyük Britanya'nın, hatta dünyanın gizli hükümdarları olmaya kararlı olan bu güçlü ailenin zihninde neler olup bittiğini tahmin etmekle yetiniyoruz. İrlandalı ırkının doğal özellikleri gibi yakışıklılıkları veya hoş konuşma tarzları onlara yardımcı olmuyordu. Aksine, tüm anlatılara göre görünüşleri açıkça çirkindi ve tavırları kaba idi. Meyer Amschel, İbranice'den alınan ifadelerle Polonya ve Almanca'nın karışımı olan gırtlaksı Frankfurt Yidiş'i konuşuyordu.

Çocuklarına verdiği eğitim, onların gittiği basit sinagog okulunun ötesine geçmiyordu. Zaten, Avrupa'yı kasıp kavuran Aydınlanma Çağı'na katılmalarına izin verilmeyen Frankfurt Yahudileri için entelektüel yaşam yasaktı.

Mayer Amschel, Talmud'un talimatlarına sadık kaldı ve tüm geleneklerini onurlandırdı; çocuklarına da aynısını yapmalarını öğütledi. Şöhret ve servete kavuştuktan sonra yaşam tarzını hiçbir şekilde değiştirmedi. Kendisinin ve oğullarının giydiği giysiler genellikle yıpranana kadar giyilirdi.

British Museum'daki birçok gazete ve belgede bu gerçeğe ilişkin çok kaba atıflar vardır ve bunların bazıları son derece aşağılayıcıdır. Cherep-Spiridovich'in bir anlatımında, Mayer Amschel'in iç çamaşırlarını hiç değiştirmediği ve aynı giysileri "üzerinden düşene kadar" giydiği iddia edilmektedir. John Reeves, Demachy ve Spiridovich gibi yazarlar, Spiridovich'in sözleriyle,

> "Bu uğursuz ve ölümcül ailenin siyasi faaliyetleri, 1770'ten bu yana ulusların başına gelen tüm kan dökülmelerinin ve felaketlerin en az yarısından sorumlu tutulabilir."

Bir şeyler döndüğünü bilen ancak buna bir isim veremeyen *Chicago Tribune* gazetesinin editörü gibi diğerleri ise 22 Temmuz 1922'de şöyle yazdılar:

> Bizim devlet adamlarımız, onlarınkine kıyasla çocuk kalır. Dünya meselelerinde öncü bir yer bize defalarca sunuluyor. Bu fırsat kucağımıza atılıyor, ama biz saf aptallığımız yüzünden onu reddediyoruz.

Soru şudur: "Bunu biz mi reddettik, yoksa gizli bir güç mü inisiyatifi ele almamızı engelledi?" Alman filozof Nietzsche, *The Dawn of Day* adlı eserinde şöyle yazmıştır:

> Gelecek yüzyılın bize tanık olmamızı sağlayacağı manzaralardan biri, Yahudilerin kaderine ilişkin karardır. Artık, zarlarını attıkları ve Rubicon'u geçtikleri oldukça açıktır; geriye kalan tek şey, ya Avrupa'nın efendileri olmak ya da bir zamanlar benzer alternatiflerle karşı karşıya kaldıkları Mısır'ı kaybettikleri gibi Avrupa'yı kaybetmektir... Eğer çok hevesli davranmazlarsa, Avrupa bir gün olgun bir meyve gibi ellerine düşebilir.

Nietzsche'yi araştıranlar, onun Rothschild'lardan bahsettiğini söylüyorlar, ancak bu iddiayı destekleyecek hiçbir kanıt bulamadım, her ne kadar bu, o ünlü ailenin izlediği yol ile uyumlu görünse de.

Sırlarının çoğu tamamen gizli kaldı ve belki de asla ortaya çıkmayacak. Bu gizlilikten duyulan hayal kırıklığı, Fransız devlet adamı Lamartine'in şu sözlerinde ortaya çıkıyor:

> Her türlü boyunduruğu kırmak istiyoruz, ancak görünmeyen, ama üzerimizde ağırlık yapan bir boyunduruk var. Nereden geliyor? Nerede? Kimse bilmiyor, ya da en azından kimse söylemiyor. Bu birliktelik, gizli derneklerin emektarları olan bizler için bile gizlidir.

Fransız Dışişleri Bakanı G. Hanotoux, 1878'de bu gizli elden şöyle bahsetmiştir

> "siyaseti yöneten ve diplomasinin kartlarını karıştıran gizemli bir güç"

Bu gizemlerin çoğu, Disraeli'nin *Coningsby adlı* romanında tamamen aydınlatıldı; bu roman, Rothschildların yaptıklarının üstü örtülmüş bir anlatımıydı. Disraeli, içindeki ifşaatlar üzerine insanların öfkesinin patlamasından korktuğu iç 'deki birçok gerçeği kurgu olarak gizlemek zorunda kaldı. "Sidonia" şüphesiz Lionel Rothschild'dı ve Coningsby, onun yaptıklarının kurgulanmış bir anlatımıydı:

O zamanlar amcasının yanında Napoli'de yaşayan Sidonia, on dokuz yaşındayken babasının Frankfurt'taki başka bir akrabasını uzun süre ziyaret etti. Sidonia, Paris ile Napoli arasında iki yıl geçirdi. Onu anlamak imkansızdı. Açık sözlülüğü kesinlikle yüzeyseldi. Aşırı temkinli olmasına rağmen her şeyi gözlemliyordu, ancak ciddi tartışmalardan kaçınıyordu. Sevgisiz bir adamdı.

Karl Rothschild Napoli'de, Mayer Amschel ise Frankfurt'ta yaşıyordu, bu nedenle "Sidonia"nın Lionel Rothschild olduğu sonucuna varmak çok da zor değil. Bu sonuca vardığımızda, Coningsby'den Rothschildlar ve onların iktidara yükselişiyle ilgili muhtemelen şimdiye kadar yazılmış en iyi ve en doğru ayrıntılı anlatımlardan birini elde etmiş oluyoruz.

Açıklama Notu

Kaynaklar ve referanslar metin içinde belirtilmiştir. Bunun referansları kolaylaştıracağını ve ayrı bir not listesini aramak zorunda kalmayarak metnin akışını bozmayacağını düşündüm.

Bu konuda, durup belirli bir kaynağa başvurup onu bulma gereği duymadan anlatıma devam etmenin en iyi yolu olduğunu düşünen Viktorya dönemi yazarlarının yöntem ve üslubunu izledim. Umarım siz de bu yöntemi geleneksel yöntemden daha kolay bulursunuz.

Bir diğer önemli nokta: Bu eserin "Yahudi karşıtı" veya "antisemitik" olarak yorumlanmaması ve yorumlanamayacağı anlaşılmalıdır. Eser, ikisi de değildir. Aksine, tesadüfen Yahudi olan ve bunu kendileri de gizlemeyen bir ailenin gerçeklere dayalı bir anlatımıdır. Aksi yönde yazmak, Zulu Kralı Chaka'nın siyah bir Afrika kralı olduğunu belirtmeden onun hakkında bir anlatı yazmaya çalışmak gibi olurdu.

BÖLÜM 1

Bir paçavra ve kemik tüccarı nasıl dünyanın en zengin adamlarından biri oldu?

Uluslararası bankacılıkta Rothschild adı kadar tanınan bir isim muhtemelen yoktur, ancak bu ailenin gerçek tarihi hakkında çok az şey bilinmektedir. Pek çok efsane, mit ve hayali hikaye vardır, ancak tarihin akışını değiştiren, devlet adamlarını, kralları, dükleri ve piskoposları sanki sadece birer meta gibi alıp satan, amaçlarına hizmet ettikten sonra yıpranmış ayakkabılar ve eski giysiler gibi bir kenara atan bu ailenin gerçek karakteri hakkında pek bir şey bilinmemektedir. Ailenin, Avrupa, Uzak Doğu ve Amerika Birleşik Devletleri'nin çehresini sonsuza dek değiştiren devrimlere, savaşlara ve ayaklanmalara neden olduğu söylenir. Bu kitabın amacı, Rothschild tarihini araştırmak ve onların dünya için planlarının ne olduğunu anlamaktır. Rothschildlar Yahudidir; bu, onların hiçbir zaman gizlemeye veya önemsiz göstermeye çalışmadıkları bir gerçektir.

Tarih boyunca, eski çağlarda Hindistan'dan Babil'e ve Filistin'e kadar, para işleri her zaman esas olarak Yahudilerin ticareti olmuştur. Frankfurt, Londra, New York ve Hong Kong'daki para piyasalarında Yahudi finansçılar hakimiyet kurmuştur.

1917 yılına gelindiğinde, dünyanın dört bir yanına yayılmışlardı. Londra, Paris ve New York borsalarında Yahudi borsa simsarları, bu işin belkemiğini oluşturuyordu. Değerli metallerin, elmasların ve para birimlerinin dünya çapındaki dolaşımı her zaman Yahudilerin kontrolü altında olmuştur. Bu gerçekleri, kendileri için birer gerçek olarak aktarıyoruz; hiçbir şekilde aşağılayıcı bir ima içinde değiliz. Yahudiler de bunu kendileri itiraf ediyor. 1910 yılında İngiltere, Almanya'ya karşı savaş hazırlıkları yaparken, uluslararası Yahudi finansörler kilit noktalarda konuşlanmıştı ve dünya çapındaki uluslararası finansmanın başında Rothschildlar ve onlara bağlı bankacılık evleri bulunuyordu. Fransa'da Rothschild, Fould, Camondo, Pereira ve Bischoffheim; Almanya'da Rothschild, Warschauer, Mendelssohn, Bleichroder; İngiltere'de Sassoon, Stern, Rothschild ve Montague; ~ Uzak Doğu'da Sassoon; Rusya'da Gunzburg; Amerika Birleşik Devletleri'nde ise J.P. Morgan, Kuhn Loeb and Co., Seligman and Co., Speyer and Co., Warburg ve Lazard Freres vardı.

Her şeyden öte, onları gölgede bırakan ve gölgede bırakan Rothschild Hanesi idi. Rothschild'leri eleştirenler, Morgan ve Kuhn Loeb'in sadece Rothschild'lerin paravanı olduğunu ve tüm ünlü bankacılık hanelerinin Rothschild bankalarıyla bağlantılı olduğunu söylüyorlar.

Bu bankacılık haneleri, spekülasyona karşı temkinli yaklaşımları ve Rothschild'lerle ve birbirleriyle olan yakın kardeşlik ve akrabalık bağları sayesinde birçok fırtınayı atlatmışlardır. Rothschild Hanesi'nin kurucusu, Frankfurtlu bir tüccar olan Anselm Moses Bauer'in oğlu Mayer Anselm Bauer (Rothschild) idi. Baba, yeni ve kullanılmış mallar ile eski sikkeler satıyordu ve kırmızı kalkan işareti altında rehincilik yapıyordu; Rothschild adı, Almancada kırmızı kalkan anlamına gelen bu işaretten türemiştir. Rothschild, ailenin benimsenen ve resmi soyadı haline geldi. İşletme, yaklaşık 550 ailenin yaşadığı Frankfurt'taki bir gettoda, kelimenin tam anlamıyla "Yahudi Sokağı" olan Judenstrasse'de bulunuyordu.

Mayer Amschel (Rothschild) 1743'te doğdu. Aile nesillerdir Frankfurt'taydı; hatta British Museum'da 16. yüzyılın başlarına kadar uzanan kayıtlar bulunmaktadır. 18. yüzyıla gelindiğinde oldukça büyük bir grup haline gelmişlerdi.

Mayer Amschel'in yirmi atasını tespit ettim. Üç oğlunun en büyüğü olan Mayer Amschel'in ebeveynleri para alım satımı işiyle uğraşıyordu ve o da on yaşından itibaren bu işe yardım ediyordu. O dönemde Almanya, her biri kendi para birimine sahip 350 prenslikten oluştuğu için, bu küçük işletme aslında bir tür döviz bürosuydu.

Görünüşe göre, Frankfurt'ta Yahudi olmayanların yapabileceği mesleklere girmeleri yasaktı. Yahudilerin her türlü kısıtlamaya maruz kaldıklarına şüphe yok; bunların bazıları oldukça haksızdı. Aile evi, Gotik tarzı taklit edilmiş ahşap bir kulübeydi; Mayer Amschel, 1775 yılına kadar annesi, babası ve üç erkek kardeşiyle burada yaşadı; o yıl Avrupa'yı kasıp kavuran büyük bir çiçek hastalığı salgını, Mayer'in her iki ebeveyninin de hayatına mal oldu. Mayer'in akrabaları onu Furth'taki haham okuluna kaydettiler. Ancak o, yeterlilik kazanmak için gereken uzun yıllar süren eğitim için ne sabır ne de istek duyuyordu ve Furth'ta üç yıl geçirdikten sonra, on üç yaşında, Mayer Amschel kendi yoluna çıktı.

Bu kadar genç birinin böyle bir adım atması için ne kadar cesaret gerektiği düşünülürse, ona hayranlık duymaktan başka bir şey gelmez. Hannover'e giden genç adam, Oppenheimer'ların bankasında küçük, önemsiz bir "hayır işi" buldu ve oraya geldikten altı ay sonra çırak olarak işe alındı. Bankacılıkta başarılı olmak için önde gelen prenslerden birinin korumasına ihtiyaç duyulduğu sonucuna varması uzun sürmedi. Altı yıl sonra Hannover'den ayrılıp Frankfurt'a döndü ve 1770'te Gudule Schnapper ile evlendi.

Mayer ve Gudule (Gutta), Mayer'in babasının daha önce yaptığı gibi yeni ve kullanılmış malları alıp sattığı bir dükkanın üstündeki birinci katta yaşıyordu. Resimler ve mobilyalar gibi birçok eşya kaldırımda sergileniyordu. Burası, dünya finansını ve büyük liderleri, devlet adamlarını ve kralları kontrol edecek olan "bankacılık baronlarının" evi ve başlangıç noktasıydı. Gudule, Mayer'e beş oğul doğurdu. Spiridovich'in Unrevealed in History kitabında verdiği tanıma göre, ailenin yemek ve sohbet için bir araya geldiği "kirli ahşap masa" etrafında beş oğluyla tartışmalar yapardı.

Finans dünyasının oğullar arasında paylaşılması, en sevdikleri tartışma konularından biriydi. Babaları , Şarlman'ın dört torunundan, Roma İmparatorlarının dünyayı nasıl yönettiğinden ve oğulları için vizyonundan bahsederdi. Beş kızı bu tür sohbetlere asla dahil edilmezdi.

Büyük Karl (Charlemagne) (771–814), 1,80 metreden uzun boylu, Yunanca ve Latince bilen, mükemmel bir atlet olan tipik bir Alman'dı. O, Frankların kralıydı ve MÖ 800–814 yılları arasında Roma İmparatoru oldu. Yine de Charlemagne'ye duyduğu saygıya rağmen, Mayer Amschel "Roma" ile ilgili her şeye şiddetli bir nefret besliyordu; Sir Alfred Mond'un World Battle of the Jews kitabına göre, daha sonraki yıllarda bunu "Bolşevizmin büyük düşmanı" olarak tanımladı. Samuel Gompers, 1 Mayıs 1922 tarihli The Chicago Tribune'de Mayer Amschel'e atıfta bulunarak Bolşevizm hakkında şöyle yazdı:

> Bolşevik zulmünü tanımaktan daha gereksiz ve alçakça bir medeniyet ihaneti olamaz. Alman ve Anglo-Amerikan bankacıların politikası, Bolşevik çabalarının tüm zincirindeki en tehlikeli unsurdur. Bolşeviklerin fonları milyonlarca dolara ulaştı.

Mayer'in sergilediği nefret, 1762'den beri Frankfurt am Main'ın Kutsal Roma İmparatorlarının seçilme ve taç giyme törenlerinin yapıldığı şehir olmasından kaynaklanıyor olabilir; Mayer Amschel, Katolik Kilisesi'nin Bolşeviklerin amansız bir düşmanı olduğunu bildiği için bundan nefret ediyordu. Bazı tarihçiler, onun nefretinin Rusya'ya yönelik olduğunu, çünkü Rusya'nın Avrupa'nın en büyük Hıristiyan ülkesi olduğunu ve birçok hükümdarı döneminde Yahudilerin birçok zorluk ve zulüm gördüğünü söylerler.

Mayer, yemek masasında oğullarına servetlerini aile içinde tutmaları ve asla aile dışından biriyle evlenmemeleri konusunda uyarıda bulunurdu. O, kelime anlamı “ısırık” olan ve faiz anlamına gelen İbrani “neshek” yasasını ve “bu yasanın İbraniler dışında nasıl uygulanacağı, ancak İbranilere uygulanmayacağı” konusunu açıklardı. Gizlilik her şeyden önemliydi; aile dışından hiç kimse ne kadar paraları olduğunu bilmemeliydi. Yazar John Reeves, *The Rothschilds: Financial Rulers of Nations* (Rothschildlar: Ulusların Finansal Hükümdarları) adlı kitabında, The Kahbalaha Unmasked (Kahbalaha’nın Maskesi Düşüyor) kitabının yazarı MacGregor’dan alıntı yaparak şöyle diyor:

> Beş oğul, beş Avrupa başkentinde iş hayatına atıldılar, ancak birbirleriyle uyum içinde hareket ediyorlardı. 1812’den beri Rothschildların işleri o kadar büyüktü ve ailenin farklı üyelerini birbirine bağlayan bağlar o kadar iç içe geçmişti ki, bunları çözmek neredeyse imkansız görünüyordu. Kurucunun elde ettiği başarı, dünyanın karışık durumundan kaynaklanıyordu. Mayer Amschel, Napolyon kadar şanslı bir çocuktu.

Mayer Amschel’in beş oğlu ve beş kızı vardı:

Anselem Mayer, 1773 doğumlu, Eva Hannau ile evlendi

Salomon Mayer, 1774 doğumlu, Caroline Stern ile evlendi

Nathan Mayer, 1777 doğumlu, 1806’da Hannah Levi Barnet Cohen ile evlendi

Karl, 1788 doğumlu, Adelaide Herz ile evlendi

Jacob (James), 1792 doğumlu, yeğeni Betty ile evlendi, kardeşi Salomon’un kızı, en büyük oğlu Anselem, Prusya Kraliyet Ticaret Danışma Konseyi üyeliği, Bavyera Konsolosluğu ve Saray bankacılığı gibi önemli görevlere layık görüldü.

Sınıf ayrımının olmadığı günümüzde bu pek önemli bir şey gibi görünmeyebilir, ancak o dönemde yürürlükte olan katı kast sistemi, “sıradan bir vatandaşın” her zaman unvanlı sınıflara ayrılmış olan bu tür pozisyonlara gelmesini imkansız kılıyordu ve Yahudiler bu tür yüksek makamlardan açıkça dışlanıyordu. Salomon Mayer, bir şekilde Avusturya'nın fiili hükümdarı Prens Metternich'in en içteki ve en samimi çevresine girmeyi başardı.

Beş kızı işten pay almadı ve işin yönetiminde söz sahibi olmadı; aslında tamamen dışlandılar. Çoğu, "görüşülmüş evlilikler" yoluyla evlendi.

Yazar John Reeves'e göre:

> Rothschildların hareketleri dikkatle izleniyor ve halk için herhangi bir bakanın hareketleri kadar önemli. Hevesli bir araştırmacıya, soy ağacı olmadığı için ailenin tüm üyelerinin isimlerini saymanın imkansız olduğu söylendi. (*The Rothschild Financial Rulers*)

Mayer Amschel ölüm döşeğinde Talmud'dan bir bölüm okudu ve ardından çocuklarından her zaman birbirlerine bağlı kalacaklarına ve asla ayrı ayrı bir şey yapmayacaklarına dair ciddi bir yemin etmelerini istedi. Bu bilgi, Tümgeneral Kont Cherep-Spiridovich'in *The Unrevealed in History adlı kitab*ında ve Londra'daki British Museum'daki belgelerde yer almaktadır.

BÖLÜM 2

Mayer Amschel ve beş oğlu, 'de olağanüstü bir şansla karşılaşır

Oppenheimer Bankası'nda çalışırken Amschel, yüzlerce yıllık bir geçmişe sahip son derece önemli bir aile olan Hesse-Cassell Landgrave'ine en yakın aristokratlardan biri olan Korgeneral Baron von Estorff ile tanışmak gibi olağanüstü bir şans yakaladı.

Armstrong'un The Rothschild Money Trust adlı kitabında, Landgrave'in William IX olduğu belirtilmektedir:

> "O, Hesse-Cassel Landgrafı IX. William'ın tefecisi ve temsilcisi oldu."

Sayısız madalya sahibi tarihçi, asker ve yazar Kont Cherep-Spıridovich bunu şöyle anlatır

> "Amschel, Hesse-Cassel Landgrafı'nın yöneticisi oldu."

Mayer'in, Oppenheim bankasının masraflarını karşılayarak von Estorff'a bazı hizmetler verdiği söylenmektedir, ancak bunun tam ayrıntıları günümüze kadar bilinmemektedir.

British Museum'da yaptığım araştırmaya göre, ilk girişim Wilhelm'in mali danışmanı Karl Budurus aracılığıyla yapıldı:

> "Benzer hırslara sahip, müthiş derecede azimli, sabırlı ve gizli olan Rothschild, fikir birliğine vardı ve karşılıklı yardımlaşma anlaşması yapmaya karar verdi."

Geliştirdikleri planın ayrıntıları hiçbir zaman açıklanmadı. Ancak, 1905 ve 1909 tarihli *Yahudi Ansiklopedisi*, Cilt X, sayfa 499, bu konuya biraz ışık tutuyor:

> Daha sonraki bir gelişmede o (Amschel), Hesse-Kassel Landgrafı IX. William'ın temsilcisi oldu. William, babasının ölümünün ardından, esas olarak Amerika Birleşik Devletleri'ndeki devrimi bastırmak üzere İngiliz hükümetine asker kiralamaktan elde edilen ve Avrupa'nın en büyük özel serveti (tahmini 40.000.000 dolar) olan mirası devralmıştı...
>
> 1806 Haziranındaki savaştan sonra Landgrave, 600.000 poundu (yaklaşık 3.000.000 dolar) Mayer Rothschild'e emanet ederek Danimarka'ya kaçtı. Efsaneye göre, bu para şarap fıçılarına saklanmış ve Napolyon'un askerleri Frankfurt'a girdiklerinde aramalarından kurtulmuş, seçmenlere eksiksiz olarak iade edilmişti.
>
> Gerçekler ise daha az romantik ve daha iş odaklıdır.

İncelediğim belgeler, "Seçmen" olarak bilinen bu kişinin, kasasına akan paranın kaynağına pek de titiz davranmadığını gösteriyor. Hesse paralı askerleri onun ticaret malıydı ve onları en çok para ödeyebilecek kişilere kiralanıyordu.

Hessianlar, hükümdar ile bir sözleşme yapmıştı ve bu sözleşmede, Prens'in, kiralandıkları askeri operasyonların başlangıcında büyük bir peşinat alacağı açıkça belirtilmişti. Ardından, askerlere ek ödeme, yaralılara bazı ek ödemeler ve savaşta öldürülmeleri halinde üç katı tutarda ödeme yapılacaktı. Bu ödeme, Prens'e değil, paralı askerlere veya onların bakmakla yükümlü oldukları kişilere yapılacaktı. Dahası, kiralama sözleşmesi barış ilan edildiğinde sona ermiyordu, ancak barıştan tam bir yıl sonra ve paralı askerler evlerine döndüklerinde sona eriyordu.

İngiliz Hükümeti en büyük müşteriydi ve her yıl yaklaşık 15.000–17.000 Hessian'ı "kiralıyordu" . Amschel ve Budurus'un aşağıdaki planın mimarları olduğuna dair doğrudan bir kanıt olmasa da, öyle olmaları çok muhtemel görünüyor. Toplu ödeme ve ödemelerin Prens'in memleketi Kassel'e gönderilmesi yerine, para İngiltere'de tutuldu ve orada yatırıldı. Bundan elde edilen faiz (Amschel tarafından müzakere edilen) , Landgrave'e senetler halinde ödendi. Paranın Kassel'e fiilen aktarılan kısmı ise daha sonra diğer muhtaç prenslere yüksek faizli krediler sağlamak için kullanıldı. Bu, Kassel'e giren ve çıkan muazzam bir fon hareketine yol açtı ve tüm Avrupa'da posta tekelini elinde tutan Von Turn ve Taxis ailesiyle iş birliği yapan Landgrave'e önemli bir gelir sağladı. Parayı kazanmak için en çok çaba sarf eden paralı askerler, arkalarından yapılan "özel" yan anlaşmadan haberdar olmadıkları için, vaat edilen tutarların dışında hiçbir şey almadılar.

Von Thurn ve Taxis Prensleri (300 Komitesi üyeleri), Landgrave ve daha sonra Rothschildlar için istihbarat ajanı olarak görev yapmanın karşılığında ganimetten pay almaktan memnundu. Bunu, talimatlara uygun olarak önemli mektupları açıp içeriğini okuyarak Landgrave'e gördüklerini bildirmek ve onun emirleri doğrultusunda, Landgrave ve Mayer Amschel'in yararına —ve borçlularının zararına— mektupların teslimatını hızlandırmak veya geciktirmek suretiyle yaptılar.

(Von Thurn ve Taxis ailesi hakkında daha fazla ayrıntı için lütfen *The Conspirators' Hierarchy, The Committee of 300*, 4·Baskı'ya bakınız)

Bu gerçekler, Amschel'in nasıl başladığına dair romantik fikirlerden gerçekten çok uzaktır ve daha önce basılmış olan her şeyden daha ayrıntılı bir şekilde ortaya konmuştur. Eleştirmenler, gerçeklerin Ansiklopedi'de öne sürülenlerden çok uzak olduğunu söylüyor. Cherep-Spiridovich, paranın Landgrave'e iade edilmediğini ve aslında Amschel tarafından çalındığını açıkça söylüyor. *The Rothschild Money Trust* kitabında yazar Armstrong şöyle diyor:

> Gerçekler tamamen 'daha az romantik'. Mayer Amschel Rothschild parayı zimmetine geçirdi. Bu para, kaynağından

> itibaren kirlenmişti. İngiliz Hükümeti tarafından, Amerikan Devrimi'ni bastırmak için görev yapan Landgrave'in askerlerinin hizmetleri karşılığında ödenmişti ve askerler ahlaki olarak bu paraya hak sahibiydi. Para önce Hesse'li William tarafından, ardından da Mayer Amschel tarafından zimmetine geçirildi. Bu iki kez çalınan para, Rothschild ailesinin devasa servetinin temelini oluşturur. O günden beri kaynağına sadık kalmıştır. Rothschild ailesinin şu anda sahip olduğu yüz milyarlarca doların içinde dürüstçe kazanılmış tek bir dolar bile yoktur. Mayer Amschel Rothschild, parayı şarap fıçılarına koymak yerine, tüm meblağı Londra'daki oğlu Nathan'a gönderdi ve o da burada ailenin Londra şubesini kurdu.

Bu para, büyük olasılıkla Nathan'ın aile bankası olan N. M. Rothschild and Sons'u açmak için kullandığı paraydı.

Armstrong şöyle devam etti:

> Amschel, ekstra hizmetlerinden dolayı Kraliyet İmparatorluk Temsilcisi olarak atandı; bu unvan, engelsiz bir şekilde serbestçe seyahat etmesine olanak sağladı. Von Thurn ve Taxis Prensleri ile olan "ortaklığı", ona rakip olan tüm tefecilere karşı üstünlük sağlayan değerli "istihbarat" bilgileri sağladı. Nathan Rothschild, Wellington'un yarımada seferi için gerekli olacağını bilerek, Doğu Hindistan Şirketi'nden 800.000.000 altın (ağırlık olarak değil, değer olarak) yatırdı.

Bundan en az dört kâr elde etti:

1. Dolar başına 50 sentten satın aldığı ve nominal değerinden tahsil ettiği Wellington'un kağıtlarının satışından.

2. Wellington'a altın satışı.

3. Yeniden satın alımından.

4. Portekiz'e gönderilmesinden.

Bu, büyük servetin başlangıcıydı. Hala nispeten tanınmayan bir banka memurunun, sınıflarını ayıran sosyal engelleri nasıl aşabildiği, başlı başına bir klasik hikayedir.

British Museum'daki belgelere göre:

> ... Prens son derece açgözlü ve cimri biriydi; babası VIII. Wilhelm'den (İsveç Kralı'nın kardeşi) miras kalan servetini hangi yollarla artırdığına pek aldırış etmiyordu. Frederic, von Estorff'tan Amschel'in yetenekleri ve vicdansızlığı hakkında bilgi aldıktan sonra, şüpheli alım satım işlemleri için bir "paravan" (ön adam) bulmaya ilgi duymaya başladı.

Amschel, Frederic II ile olan ilişkisini mütevazı bir görünümün arkasına sakladı, ancak eski Landgrave üzerindeki nüfuzunu milyonlar kazanmak ve siyasi ilerleme sağlamak için kullandığına şüphe yok. Hesse Landgrave'inin temsilcisi oldu ve düzenlediği ilk devlet kredisi, Danimarka hükümetinin on milyon taler borç aldığı 1802 yılında gerçekleşti.

O zamanlar bilinmese de, bu para Landgrave ailesinin muazzam servetinden geliyordu.

Gözüne girmek için Amschel, kâr payını II. Frederic'e vereceğini söyledi, ancak bunu asla yapmadı. Bu anlaşma ile Rothschildların kaderi, finans ve kredi tarihinin en şaşırtıcı başarı öykülerinden biri olmaya yazıldı.

Frederick II'nin yerine oğlu Wilhelm IX geçti ve 1785'te Seçmen Wilhelm I oldu. Bu sırada Amschel, vefat eden Frederick II'nin bir nevi "Maliye Bakanı" konumundaydı ve ailenin tüm sırlarını biliyordu.

İkili hemen iyi anlaştı. Her ikisi de 1743'te doğmuştu. Amschel, Elektör Wilhelm I'den gerçek servetini gizledi; her zaman aynı kıyafetleri giydi ve fakirmiş gibi davrandı. Elektör Wilhelm I'in servetinin yöneticisi olduğu andan itibaren, Amschel'in serveti işvereninin serveti azalırken arttı. 1794'te, Elektör Wilhelm I'in kaçmasına neden olan bir " " olayı meydana geldi. Bu olay, Fransız General Hoche'nin Koblenz'i ele geçirmesiyle gerçekleşti.

İşgal sırasında yolsuzluklarının (aslında "paravan" Amschel'in entrikalarının) ortaya çıkmasından korkan Elektör Wilhelm I, kontrolü Amschel'e devrederek kaçtı.

Rothschildların servetlerini nasıl elde ettiklerinin gerçek hikayesi budur. Bu, rehin komisyonculuğu, akıllı spekülasyonlar ya da kulağa çok romantik gelen diğer yaygın masallarla ilgili değildi.

Oğulların dehası, beş kardeşin hayali "dehasına" değil, Hesse Landgrafı'nın servetine dayandırılabilir! Bu, açık ve net bir şekilde "dönüşüm yoluyla hırsızlık" vakasıydı.

Mayer, 12 Aralık 1812'de Frankfurt'ta öldü ve mirasını beş oğluna, daha az bir miktarı ise beş kızına bıraktı.

BÖLÜM 3

Rothschildlar

Mayer'in servetinin büyük kısmını beş oğluna bırakıp kızlarına çok daha az bir miktar bırakması, kendisinin ve atalarının kadınları zincirin zayıf halkası olarak gördüklerinin en belirgin göstergesiydi.

Kadınlar, aile içindeki görücü usulü evlilikler ve iş için kullanılacaktı. Başka bir deyişle, evlilikler iş avantajları gözetilerek ayarlanacaktı.

Mayer'in zihninde erkek ve kadın arasında "eşitlik" diye bir düşünce yoktu. Günümüzde sosyalistlerin öncülüğünde yürütülen kadınlara eşit haklar kampanyası, yüz yıldan fazla bir süre sonra ortaya çıktı ve büyük ölçüde Yahudi olmayan kadınların eşit haklarıyla sınırlı kaldı. Amschel, Avrupa ülkelerini ekmek dilimleri gibi paylaştırdı ve oğullarına Almanya, Avusturya, İngiltere, İtalya ve Fransa'yı "kendi bölgeleri" olarak tahsis etti.

Daha sonra, aile akrabalarından biri olan Schoeneberg adındaki bir adamı, August Belmont takma adıyla Amerika Birleşik Devletleri'ne gönderdi. O, Federal Rezerv'in yasallaşmasını sağlayan yasayı gizlice geçiren gizli el oldu.

Rothschild oğullarının ilgi alanları uluslararası finans ve bankacılık haline geldi ve Avrupa'nın başlıca başkentleri olan Paris, Napoli, Viyana ve Londra'da şubeler kurdular; her biri beş oğlundan birinin sıkı denetimi altındaydı. Bu arada "Belmont", Amerika'd 'daki bankacılık ve Demokrat Parti siyasetiyle yoğun bir şekilde ilgilenmeye başladı. Nispeten kısa bir süre içinde Rothschildlar, tüm Avrupa'yı kendi etki alanlarına ve nüfuzlarına sokmayı başardılar. Yetkilileri satın aldılar ve Avrupa'nın hükümdarları ve prensleriyle dostluk kurdular; tüm bunlar olurken, ailenin içine hiçbir yabancının girmemesini sağladılar. Kızlarından biri bir "aşk ilişkisi" başlattığında, bu ilişki acımasızca sonlandırıldı. Ona, kardeşlerinin evliliği bir iş ilişkisi olarak gördükleri ve ortaklıklar için evlilikler ayarlayacakları söylendi.

Rothschildlar'ı sadece Avrupa'nın meselelerinde değil, Uzak Doğu'da ve daha sonra Amerika Birleşik Devletleri'nde de en büyük güç ve etki haline getirmek için sadece bir nesil süren planlama, entrikalar ve kamuoyunun manipülasyonu yetti. Aile içi evlilikler, aileyi uyumlu ve sağlam bir cephe haline getirdi. 1815 yılına gelindiğinde, Avusturya öncülük ederek beş kardeşe, toprak mülkiyeti ile birlikte "baron" unvanını verdi. Şöhret, servet ve güce olan bu hızlı yükselişleri hayret vericiydi. "İletişim ajanı" ve "iç bilgi kaynağı" olan Von Thurn ve Taxis ile yakın istişare yapmadan hiçbir karar almadılar veya hamle yapmadılar.

Siyasi iktidar pozisyonları elde edilemiyorsa, satın alınırdı. Örneğin, Frankfurt'tan sorumlu Mayer Amschel, Prusya Ticaret Danışma Konseyi'nde bir koltuk satın aldı. Bu, geçmişte sadece kraliyet ailesine açık olan bir pozisyondu ve onun başarısı Prusya aristokrasisini sarsarak büyük bir endişe ve şaşkınlığa neden oldu.

Bourbon hanedanının yeniden tahta çıkmasının ardından (bunda Rothschildların payı az değildi), kardeşlerin en küçüğü James (Jacob) Paris'te bir Rothschild bankası şubesi açmak için imtiyaz aldı.

Demiryollarının önemini çabucak fark eden James, birçok yeni hattın finansmanını üstlendi ve büyük bir servet kazandı. Her zaman savurgan olan Bourbon hanedanına milyonlarca frank borç verdi.

Nathan, beş kardeşin dehasını temsil ediyordu. Sırayla üçüncü olan o, diğerlerinin rehberlik için başvurduğu kişiydi ( ). Kardeşler İngiltere'de yerleşmeye karar verdiklerinde, Nathan'ı Londra yerine kirli bir kuzey sanayi kenti olan Manchester'a yerleştirdiler. Bunun nedeni, Rothschildların orada kumaş ticareti için önemli ticari planları olmasıydı; faaliyetlerini Londra'ya taşımadan önce bu planları sonuna kadar kullanmayı amaçlıyorlardı. İngiliz Ordusu ve Donanması için üniforma yapımında gerekli kumaşların çoğu aslen Almanya'dan geliyordu. Von Thurn ve Taxis posta tekelinin sağladığı "posta istihbaratı" sayesinde Rothschildlar, Napolyon ile savaşın yaklaştığını öğrendiler. Nathan, bu tür kumaşların tüm stoklarını satın almak üzere hızla Almanya'ya gönderildi.

Manchester'daki imalatçılar, İngiliz hükümetinden ordu ve donanma için üniforma dikme sözleşmeleri aldıklarında, her zamanki gibi gerekli kumaş stoklarını temin etmek için temsilcilerini Almanya'ya gönderdiler, ancak tüm üretimin çoktan Nathan Rothschild'e satıldığını ve artık ondan satın almak zorunda olduklarını öğrendiler.

Haber Manchester'a ulaştığında şiddetli bir kargaşa çıktı. Bir ara Nathan, can güvenliğinden endişe etti. Manchester'da beş yıl geçirdikten sonra, 1805'te Nathan Londra'ya taşındı.

Aslında, "kaçtı" demek daha doğru olur, çünkü işlerine karşı halkın öfkesi artmaya başladığında bunu yapmak zorunda kaldı.

Nathan'ın büyük başarısının temel nedenlerinden biri, hızlı iletişimin rakiplerini alt etmenin anahtarı olduğunu fark etmesiydi. İletişim için en hızlı atlıları, gemileri ve hatta posta güvercinlerini kullanıyordu. Rakiplerinden ve hükümetlerden sakladığı "içeriden bilgi"yi hevesle arıyordu. Avrupa'nın tüm başkentlerinde gizli ajanları vardı.

Bu sadık grup, kışın ya da yazın, gece gündüz demeden atlarını sürmekten asla çekinmezdi. En iyi türden posta güvercinlerini beslerlerdi ve en hızlı posta gemileriyle seyahat eder, bazen rakiplerini engellemek için Fransa ile İngiltere arasındaki tüm biletleri satın alırlardı.

Nathan'ın en büyük uzmanlık ilkesi, temerrüde düşmüş veya düşmek üzere olan devlet tahvillerini büyük indirimlerle satın almaktı. Uygun bir süre geçtikten sonra, ilgili hükümetler üzerinde tahvilleri nominal değerinden geri ödemeleri için büyük baskı uygulandı ve bu da Nathan'a inanılmaz kârlar sağladı. Bu şekilde, Avrupa hükümetlerinin yarısından fazlasının finansal temsilcisi oldu. Geçmişte bazı çok önemli kişiler, "medeniyetin 1790'da sona erdiğini" ilan etmişti; bunların arasında, *New York American*'da (27 Temmuz 1924) insan ırkının zihinsel ve ahlaki ilerlemesinin 18. yüzyıl ile sona erdiğini söyleyen ünlü İngiliz yazar H.G. Wells de vardı.

Wells, Milletler Cemiyeti fikrini beğenen Rothschildlar tarafından takdir ediliyordu. Wells, bunu "bir dünya devleti" olarak adlandırmış ve bunun kaçınılmaz olduğunu söylemişti. Erlangers ailesi, N.M. Rothschild gibi, bu amaç için 3.000 dolar bağışladı.

İrlandalı oyun yazarı George Bernard Shaw, Hillaire Belloc'a şöyle demişti: "1790'da muazzam bir şey oldu." Bu *olay New York Times'ta* şöyle aktarılmıştı:

> Onların, 1779'da Amschel Rothschild'in dünyanın en zengin adamı olan Hesse Cassel Landgrave'i ele geçirdiği 18·yüzyılın ortaları ile sonları arasında başlayan büyük devrimci hareketlere atıfta bulunduklarına inanmak için nedenler var.

BÖLÜM 4

Jericho [Frankfurt]'un duvarları

Daha önce, Almanya'nın Frankfurt kentinde yalnızca beş yüz Yahudi ailenin yaşamasına izin verildiğinden bahsetmiştim. Mayer Amschel'in bu sorunu ele alma biçimi, onun ayırt edici özelliği haline gelecekti. Napolyon'un oğlunun doğumu üzerine, Frankfurt Büyük Dükü Dalberg Paris'e gidip tebriklerini sunmak istedi, ancak hiçbir banka ona bu seyahat için kredi vermedi.

Ancak yaşlı Amschel, Dalberg'i kendisine borçlu hale getirme fırsatını gördü ve ona yüzde beş faizle seksen bin gulden borç verdi. Faiz ödendiği sürece Büyük Dük'e borcunu geri ödemesi için herhangi bir baskı yapılmadı, ancak aynı zamanda Rothschildlar'ın Büyük Dük'ten isteyebileceği ve onun reddedebileceği hiçbir iyilik yoktu.

Amschel ve ailesi, Fransa'nın İngiltere'ye uyguladığı boykota karşı gelerek geniş çaplı kaçakçılık faaliyetlerinde bulunuyordu ve Rothschildlar bu faaliyetlerden büyük paralar kazanıyordu. Şüpheler Amschel'in üzerine düştü ve Mayıs 1809'da bir baskın düzenlendi.

Amschel'den uygun faiz oranlarıyla borç para almayı hiç kaçırmayan Dalberg, polis komiseri von Eitzlein aracılığıyla ona yaklaşan baskın hakkında bilgi verdi.

Çılgınca bir telaşla kaçak mallar ve suçlayıcı belgeler güvenilir arkadaşlara teslim edildi, böylece Müfettiş Savagner ve adamları geldiklerinde yaşlı Mayer Amschel'i yatakta buldular ve arama sonucunda suçlayıcı hiçbir şey bulunamadı. Napolyon'un Ticaret

Boykotu müfettişleri eli boş dönmüş olsalar da, Amschel yine de 20.000 frank para cezasına çarptırıldı; bu, sadece bir çerez parasıydı, ancak müfettişler kaçak malları keşfetmiş olsalardı başına gelecek olan hapis cezasından kurtuldu.

Kargaşa yatıştığında, Amschel Frankfurt'ta ikamet etmesine izin verilen Yahudi aile sayısına getirilen kısıtlamalar sorununu ele aldı. Hâlâ kendisine borcunu ödememiş olan Dalberg'e başvurdu.

Yasaya göre, her Yahudi ailenin şehirde kalabilmesi için yıllık 22.000 gulden ücret ödemesi gerekiyordu. Amschel ve ortaklarından biri olan Gumprecht, Büyük Dük'ü, Yahudilere Frankfurt'ta vatandaşlık hakları verecek tek seferlik bir ödemeyi kabul etmeye ikna etti; bu, Hıristiyan çoğunluğun şiddetle karşı çıktığı bir konuydu. Dahası, Amschel sadece eşit vatandaşlık hakkı talep etmekle kalmadı, aynı zamanda Yahudilerin kendi yönetim organlarını ve konseylerini kurmalarına da izin verilmesini istedi.

Açgözlü Dalberg, Amschel'in önerdiği toplu ödemenin yıllık toplam ücretin yirmi katı olmasını talep etti.

Amschel ve arkadaşları bu talebi 294.000 gulden nakit ve geri kalanı hamiline tahvillerle karşıladılar.

Anlaşmayı ve şartları teyit eden Büyük Dük'e yazdığı mektupta Amschel, alçakgönüllü ve itaatkar davranışların gerekli olduğu durumlarda bu sanatın ustası olduğunu gösterdi:

> Eğer bu müjdeli haberi, Majesteleri, en mükemmel efendimiz ve Büyük Dük tarafından onaylanıp imzalanır imzalanmaz ileten kişi olabilirsem ve halkıma bu büyük sevinci haber verebilirsem, siz de bunu bana posta yoluyla lütufla bildirirsiniz. Sizin iyiliğinizi ve lütfunuzu suistimal ettiğimi itiraf ediyorum, ancak Majesteleri ve onurlu ailenizin büyük göksel ödülleri beklediğinden ve çok fazla mutluluk ve bereket alacağından şüphem yok çünkü gerçekte tüm Yahudilerimiz, eşit haklara sahip olma mutluluğunu

yaşarlarsa, vatandaşların ödemesi gereken tüm vergileri büyük bir zevkle ödeyeceklerdir.

Amschel'in Frankfurt Yahudilerinin ayrı bir ulus olduğunu ne kadar cesurca iddia ettiğine dikkat edin. Anlaşma bir süre kabul edilemedi, ancak kabul edildiğinde Amschel, ilk başkan olarak von Eitzlein'ı (bir Yahudi) atayarak İsrailoğulları Din Topluluğu Yönetim Kurulu'nun kurulduğunu hemen duyurdu; belki de von Eitzlein, Mayıs 1809'da planlanan kaçak mal baskını hakkında Amschel'e bilgi verdiği için ödüllendirilmişti. Senato ve Hıristiyanlar öfkelendi ve anlaşmayı Yahudilere özel ayrıcalıklar tanıdığı gerekçesiyle hemen eleştirdi.

Dalberg'in kamuoyuna açıklamadığı önemli bir ödeme aldığına dair söylentiler hızla yayıldı. Dalberg ve Yahudilere karşı duyulan öfke doruk noktasına ulaştı. Eşit haklar karşılığında rüşvet alındığına dair suçlamalar havada uçuşuyordu. Napolyon'un düşüşüyle Dalberg görevden alındı ve yerine Hessenlilerden Baron von Hugel getirildi.

Amschel, Avusturya veya Prusya'dan korkmuyordu; bu ülkelerin hükümetlerini avucunun içinde tutuyordu, ancak 1814'te Viyana Kongresi'nin Frankfurt'un statüsünü belirlemesi durumunda Dalberg anlaşmasının geçerli olmayacağından endişe ediyordu. Jacob Baruch ve Gompers adlı birini temsilcileri olarak gönderdi, ancak Viyana polisi onları devrimci olarak gözetim altında tuttu ve sınır dışı edilmelerini emretti.

Ancak, tıpkı Adam Weishaupt, Napolyon, Disraeli ve Bismarck'ın Rothschildların sadece kukla yaratıkları (veya "uşakları") olduğu gibi, Nathan Rothschild tarafından yaratılmış olan Prens Metternich, bu emri iptal etti. Rüşvet ve yolsuzluk oldukça açık bir şekilde uygulanıyordu.

Humbold'a bir servet değerinde üç güzel zümrüt yüzük ve dört bin dukat teklif edildi, ancak o bunu reddetti.

Ancak Metternich'in sekreteri Frederick von Gentz, sunulan

rüşvetleri kabul etti ve o günden sonra Rothschildlar için Avusturya'nın güçlü soylularına ve siyasi liderlerine ulaşan en değerli aracı oldu.

Napolyon'un St. Helena'daki sürgünden Fransız topraklarına ayak bastığı haberi Kongre'ye ulaştığında, "Yahudi sorunu" rafa kaldırılmak zorunda kaldı. Viyana Kongresi, uluslararası bankacılar tarafından domine edilen ilk dünya konferansıydı ve Rothschildlar, alınan kararlar üzerinde bankacıların uyguladığı kontrolün sağlanmasına çok büyük katkıda bulundu.

BÖLÜM 5

Rothschildlar'ın yağmalaması

Avusturya temsilcisi Kont Buol-Schauenstein, Dalberg-Rothschild'ın Frankfurt'taki Yahudilerle yaptığı anlaşmaya öfkelendi:

> Ticaret, Yahudilerin benimsediği tek geçim kaynağı olmaya devam ediyor. Başka hiçbir ulusla kaynaşmayan, ancak kendi amaçlarını gerçekleştirmek için her zaman birbirine kenetlenen bu ulus, yakında Hıristiyan firmaları gölgede bırakacak; ve nüfuslarının korkunç derecede hızlı artışıyla yakında tüm şehre yayılacaklar, böylece saygıdeğer katedralimizin yanında yavaş yavaş bir Yahudi ticaret şehri ortaya çıkacak.

Rothschild hanedanının yükselişini yazmaya hak kazanabilmek için, bu konuyla herhangi bir şekilde ilgisi olan belgeleri araştırmak üzere British Museum'da epey zaman geçirdim; bu kaynaklardan elde ettiğim bilgilerin çoğu buradan geldi. Baron James büyük bir şahsiyet haline geldi. Krallar ve bakanlar onunla hesaplaşmak zorunda kaldılar; o ise bunu, Devrim ve İmparatorluk dönemindeki büyük savaşların ardından paraya ihtiyaç duyan Restorasyon Hükümeti'ne 520 milyon franklık bir kredi sağlayarak haklı çıkardı. Toussenel, *Juifs roi de l'Époque* adlı kitabında şöyle yazmıştır:

> 1815 yılını yeni iktidarın başlangıcı olarak kabul edebiliriz; ancak bu tarihten önce, Moskova ve Waterloo seferlerini büyük ölçüde altüst eden bankacıların koalisyonu ( ), Yahudilerin bizim (Fransız) ulusal meselelerine müdahalesi olarak hatırlanmalıdır... 1815'te Fransa, 1.500 milyon frank

> savaş tazminatı ödemekle yükümlü kılındı ve bu felaketi sömürmek için bir araya gelen Frankfurt, Londra ve Viyana'lı uluslararası finansçıların avı haline geldi . James Rothschild, 100 franklık her devlet tahviline sadece 50 frank ödedi ve faiz olarak 5 frank aldı; bu, ödünç verilen paranın yüzde onunu oluşturdu ve ertesi yıl anapara iki katına çıkmaya başladı. James, kralların borç vericisi oldu. Bu, borsadaki spekülasyonlarına eklendi; burada hisse senetlerinin yükselişini ve düşüşünü etkileyebilen baronun kazançları milyonlara ulaştı.
>
> 1815 ile 1830 yılları arasında Rothschildlar, İngiltere, Rusya, Fransa, Avusturya ve Prusya olmak üzere beş büyük gücü adeta yağmaladılar. Böylece Prusya, 5.000.000 sterlinlik %5 faizli bir kredi aldı, ancak devlet tahvillerine karşılık sadece 3.500.000 sterlin, yani %70 aldı; bu da gerçek faiz oranını %7'nin üzerine çıkardı. Ancak asıl mesele, tahvillerin birkaç yıl içinde %100 oranında itfa edilmesi gerektiğiydi.
>
> Rothschildlar, faiz artı 1.500.000 sterlin kar elde etti. 1823'te James, Fransız kredisinin tamamını üstlendi.

Profesör Werner Sombart'ın *"Yahudiler ve Modern Kapitalizm"* adlı eserinde şöyle diyor:

> 1820'den itibaren başlayan dönem Rothschildlar'ın çağı haline geldi, öyle ki yüzyılın ortasına gelindiğinde "Avrupa'da tek bir güç vardır, o da Rothschildlar'dır" sözü yaygın bir deyiş haline geldi.

Daha önce de açıklandığı gibi, Disraeli'nin *Coningsby adlı* kurgu eseri, Nathan Rothschild II'nin hayatının üstü kapalı bir anlatımıydı ve son derece açıklayıcıydı:

> Babası [Nathan Rothschild], başlıca başkentlerin çoğunda bir kardeş şube kurmuştu. Burada o, dünya para piyasalarının efendisi ve hakimi idi ve elbette, diğer her şeyin de fiilen efendisi ve hakimi idi. O, Güney İtalya'nın gelirlerini kelimenin tam anlamıyla rehin tutuyordu [Napoli'deki Karl

Rothschild aracılığıyla] ve tüm ülkelerin hükümdarları ve bakanları onun tavsiyelerini dinliyor ve önerileriyle hareket ediyorlardı. Sidonia [Lionel], Paris ve Napoli arasında iki yıl geçirdi. Sidonia'nın kalbi yok; o, sevgisiz bir adam.

Bu, Nathan Rothschild tarafından Disraeli'ye dikte ettirilen ve kurgu olarak yayınlanan bir eserdir, ancak Rothschildlar hakkında bundan daha doğru bir tarih yoktur. Disraeli kimdi?

La Vieille France N-216'da Bismarck, Disraeli'nin Rothschildların sadece bir aracı olduğunu ve ABD'yi büyük bir İç Savaş yoluyla parçalamak için planı Disraeli ve Rothschildların hazırladığını söylemiştir. Disraeli, onların bilinmezlikten şöhrete taşıdıkları yaratıklarından sadece biriydi. Büyükbabası Benjamin D'Israeli, 1748'de İngiltere'ye geldi. Oğlu Isaac D'Israeli 1766'da doğdu ve kısa sürede Bolşevik oldu. Eserlerinden birinin adı *Against Commerce* idi.

Disraeli babası hakkında şöyle demiştir: "O, bilgili adamlarla birlikte yaşadı." Bu bilgili adamlar, Nathan Rothschild ve çevresindeki kişilerdi. Bu arada, "El-Israeli" (D'israeli?), Orta Doğu'da Yahudi kökenli insanları belirtmek için kullanılan Türk kökenli bir Arapça isimdir. Babasının ailesinin Türkiye'den İtalya'ya geldiği ve büyük olasılıkla Ancona veya Cento'ya yerleştiği muhtemeldir. Isaac'ın alanı yazmaktı ve kendisinden önceki pek çok araştırmacı gibi, British Museum'a sık sık giderdi.

Aynı zamanda hasır şapka, mermer ve şap ithalatçısıydı, ancak Isaac yazmayı çok istiyordu.

1788'de babası onu Fransa, İtalya ve Almanya'ya okumaya gönderdi. 1789'da İngiltere'ye döndü ve Sosyalist John Murray tarafından yayınlanan " *Curiosities of Literature*" (Edebiyattaki En İlginç Şeyler) adlı eseri yazdı. Edebi bir başarı olan kitap, on üç baskı yaptı.

Benjamin, yazma yeteneğini muhtemelen babasından miras

almıştı. 1804 yılında orta halli bir ailede dünyaya gelen Benjamin, Yahudi geleneğine göre sekizinci gününde sünnet edildi ve Yahudi inancıyla büyüdü. Bununla gurur duysa da, kamu görevleri söz konusu olduğunda "Yahudiliğinin" bir dezavantaj olacağını erken yaşlarda bildiğine inanıyoruz, çünkü o dönemde İngiltere'de Yahudiler dinleri nedeniyle hiçbir siyasi partiye üye olamıyorlardı.

Ancak Nathan Rothschild'in emriyle, Benjamin 13 yaşındayken, 31 Temmuz 1817'de Hristiyan olarak vaftiz edildi; böylece, o dönemde Test Yasaları nedeniyle Yahudilere kapalı olan İngiliz toplumu ve siyasi çevreye girebilecekti. Nathan Rothschild'in emri, Yahudilere karşı olan her türlü engeli ortadan kaldırmaktı.

Bir keresinde İçişleri Bakanı Lord Melbourne'a şöyle demişti: "İngiltere'nin başbakanı olacağım," ki Melbourne bunu hayalperestçe ve imkânsız bulmuştu. Elbette Melbourne o zamanlar Disraeli'nin "Rothschild" bağlantısından haberdar değildi. Ama öncelikle, gerekli finansman bir yerden gelmeliydi. Yirmi iki yaşında, her zaman parasız olan bir adam için son derece olasılık dışı bir meslek olan Borsada "spekülasyon" yapmaya başladı.

Thomas Jones adında bir kişi — büyük olasılıkla sahte bir isim — başlangıçta iki bin sterlin sağladı, bu miktar daha sonra dokuz bin sterline çıktı — o dönemde deneyimsiz ve parasız bir yazara yatırmak için devasa bir meblağdı! "Thomas Jones"un Nathan Rothschild olduğu sonucuna varmak için fazla hayal gücü gerekmiyor.

Napolyon I, Bismarck, Metternich, Mareşal Soult (Waterloo'da Napolyon'a ihanet eden), Karl Marx, Bombelles, Lassalle, Hertz, Kerensky ve Troçki'nin biyografi yazarlarında olduğu gibi, eskiden önemsiz bir kişi olan Disraeli'ye de bolca övgü yağdırıldı. Sir Walter Scott'ın damadı J.G. Lockhart, 1825'te yazdığı yazıda kendinden geçmişti:

> Açıkça söyleyebilirim ki, daha umut vaat eden bir gençle hiç

tanışmadım. O bir bilgin, çalışkan bir öğrenci, derin bir düşünür, büyük bir enerjiye, eşsiz bir azme, yorulmak bilmeyen bir gayrete ve tam bir iş adamına sahip. İnsan doğası hakkındaki bilgisi ve tüm fikirlerinin pratik eğilimi, yirmi yaşını henüz geçmiş bir gençte beni sık sık şaşırtmıştır.

Başka bir hayran arkadaşı şöyle yazdı:

Rütbesi, önemli dostları ya da serveti yoktu, ama cesur fikirleri ve parlak başarılarıyla kurulu düzeni hayran bırakan yetenekli bir akademisyendi. Kendine olan o üstün güveni, onu adeta bir dahi yapıyordu. Asla cesareti kırılmıyordu. Elbette!

Nathan Rothschild'in desteğiyle dünya ayaklarının altındaydı. Keşke tarih yeniden yazılabilseydi!

İngiliz aristokrasisi "Fransız" Devrimi tarafından yok edilmedi ve Disraeli, Rothschildlar adına onları yenilgiye uğratana kadar Yahudilere karşı amansız bir şekilde muhalefet etmeye devam etti. Disraeli, İngiliz toplumunun ve siyasi düzeninin tam kalbine sızan bir Truva Atıydı.

(*Kont Cherep-Spiridovich ve British Museum belgeleri*)

Aralık 1922'de, *İngiliz Guardian* gazetesi Dr. John Clarke'ın alıntı yapmaya değer bir makalesini yayınladı:

Ve bu güçlü firmanın [Rothschildlar] Fransa ve İngiltere hükümetlerini nasıl yönettiği, iki yakın tarihli olaydan anlaşılabilir. Birkaç ay önce, Londra'daki Büyükelçilik'teki Fransız Konsolosluk Sekreteri M. Thierry, Rothschild klanından bir Yahudi kadınla evlendi. Ve şimdi Bonar Law'ın [Disraeli'nin politikalarını izleyeceğine söz veren İngiliz Başbakanı] yeni "Muhafazakar"

Hükümeti'nin gizli akıl hocaları, onu Paris'e diplomatik deneyimi olmayan bir 'Liberal' olan Crewe Markizi'ni büyükelçi olarak göndermeye ikna ettiler; bu kişinin 'daki eşi, Roseberry Kontesi Hannah Rothschild'in kızıdır. İşte burada Fransız-İngiliz İttifakı'nın gerçek temeli yatmaktadır — "R.F.", Rothschild Freres, yani Rothschild kardeşler anlamına gelir ve Britanya İmparatorluğu'nu, Fransız Cumhuriyeti'ni ve Moskova, Ankara ve Washington arasındaki diğer cumhuriyetlerin ve krallıkların çoğunu kapsar.

İngiliz siyasi sahnesinde bu kadar şaşırtıcı değişikliklerin önünü kim açtı? Başbakan Bonar Law'ı "kontrol eden" Disraeli'ydi. Buckle'ın *Disraeli'nin Hayatı* adlı kitabında yazar, Disraeli'yi kimlerin yarattığına dair hiçbir ipucu vermemektedir:

> "İngiliz tarihinde Disraeli'ninkinden daha muhteşem bir kariyer yoktur ve bugüne kadar hiçbiri bu kadar büyük bir gizemle örtülmemiştir."

Aslında, ortada hiçbir "gizem" yoktu. Nathan ve oğlu Lionel Rothschild olmasaydı, Disraeli küçük, dar aile çevresi dışında asla var olamazdı. 1832'den 1837'ye kadar Disraeli, ödenmemiş borçları nedeniyle büyük sıkıntı içindeydi. 1835 yılının Nisan ayında, metresi Lady Henrietta Sykes'e yazdığı bir mektupta belirttiği gibi, "alacaklılar tarafından yakalanmamak" için zamanının büyük bir kısmını evde geçirmek zorunda kaldı.

Ağustos 1835'te Disraeli, alacaklılarından kaçmak için Bradenham'a gitti. Alacaklılarından biri, onu tutuklatıp borçlular hapishanesine göndermekle tehdit eden Austen adında biriydi. Bradenham'da *Henrietta Temple adlı* romanını yazmaya çalıştı. Bu dönemde, borçları yazma çalışmalarının önüne geçmişti. Temmuz ayında, ödeme için baskı yapan bir başka alacaklısı olan Thomas Mash, artık daha sert bir tavır sergilemeye başladı ve Disraeli, dışarı çıktığında yakında tutuklanacağından korkarak dolaşıyordu.

Sürekli ciddi mali sıkıntılar içinde olan, yirmi yaşında ağır borç yükü altında bulunan ve 1832'den 1837'ye kadar ulaşmaya çalıştığı Avam Kamarası'nda bir koltuk kazanamayan Benjamin'i, on yaşından beri gözlem altında tutan Rothschild ailesi, kendi “hizmetçisi” yaptılar.

Benjamin, 1849’da kız kardeşi Sarah’a yazdığı mektupta bunu itiraf etti. O yıl, hayatının en kötü mali dönemiydi. Alacaklıları tarafından taciz ediliyordu ve Sarah’a yazdığı mektupta "Mayer Rothschild istemeden sırrı açığa çıkardı" dediği gibi, Assize Mahkemesi’ne çıkmak zorunda kalmıştı.

Disraeli, Buckle’ın iddia ettiği gibi “İngiltere’yi en yüksek konuma” çıkarmadı. Bunun yerine, yaptığı şey İngiltere’yi bir dizi felaketle sonuçlanan savaşa hazırlamaktı. “Büyük Rusya”nın Büyük Britanya için bir tehlike ve tehdit olduğu yönündeki yalanlarıyla nesiller boyu İngilizleri korkuttu. Başbakan Gladstone, Disraeli’yi yalan söylemekle suçladı. İddia edilen Rus “tehlikesi” konusunda samimi miydi?

Lord Gladstone, Disraeli’nin “ciddi olduğu” sadece iki şey olduğunu söyledi: “karısı ve ırkı.” Gladstone, Benjamin’in nadiren bahsettiği Rothschildlar konusunda “ciddi” olduğunu bilmiyor gibiydi; belki de bunun nedeni, kim olursa olsun, hiç kimsenin Rothschildlara karşı gelip de cezasız kalamayacağı gerçeğiydi. Benjamin Disraeli, Rothschildlar için günün adamıydı; Lionel, Mayer, Anthony ve Montefiore’lar da dahil olmak üzere aileleri. Kız kardeşi Sarah’a yazdığı bir mektupta, balayından sonra Bayan Montefiore’nin evinde bir parti düzenlendiğini ve orada "tek bir Hıristiyan ismi bile olmadığını" yazdı.

Şüphesiz Benjamin, yüksek mevkisi sayesinde mentorlarına "istihbarat" sağlayarak onlara büyük hizmetler sunmuştu.

Rothschildların kârlı Süveyş Kanalı kredisini piyasaya sürmelerini sağlayan şeyin, işte bu tür bir "casusluk işi" olduğu bilinmektedir.

Disraeli tarafından planlanan bir "darbe" olarak tanımlanan bu olayın gerçekleri o kadar da basit değildir. Disraeli, gizli "istihbarat" servisi aracılığıyla, Mısır’ın Hediifi İsmail Paşa’nın

Compagnie Universelle de Suez'deki hisselerini satmak istediğini öğrendi.

Von Thurn ve Taxis'in posta kontrolünden sağlanan "istihbarat" sayesinde, 15 Kasım 1875'te Disraeli, 'dan Hidiv'in hisselerin satışı için iki Fransız bankasıyla müzakere ettiğini öğrendi. Disraeli hemen Baron Lionel de Rothschild'e koştu ve Rothschild bu amaçla İngiliz Hükümeti için bir kredi açmayı kabul etti. Gizli plan Lionel ve Disraeli tarafından hazırlandı ve 24 Kasım'da İngiliz Kabinesi'ne sunuldu. Lionel'in bu kadar hızlı hareket etme becerisinden bahsedilmedi ve bu nedenle halkın gözünde bu olay bir "Disraeli darbesi" olarak kaldı.

Binbaşı General Kont Cherep-Spiridovich'in toplu eserlerinden alınan bu anlatım, Nathan Rothschild'in hayatı ve yaşadığı dönem, Londra'da yaşayan geniş akrabaları ve aileleri ile efsanevi Disraeli'nin etrafında ortaya çıkan mit ve efsaneleri ortadan kaldırmada büyük rol oynuyor.

BÖLÜM 6

Benjamin Disraeli: Rothschildlar için usta casus

Bu iki yönlü bir ilişkiydi; Rothschildlar, Benjamin'i mali sıkıntılardan kurtarmaya her zaman hazırdı, özellikle de 1835, 1849, 1857 ve 1862 yıllarında, borçları bugün yaklaşık 300.000 dolara denk gelen bir miktara ulaşmış ve ödeme imkânı kalmamıştı. Düşmanı Portland Dükü onu sıkıştırırken, Baron de Rothschild'in bir adamı olan Philip Rose, ona "para ödünç verdi"; bu adam, Baron Rothschild ile aynı zamanda Torquay'deki aynı tatil ve spa otelinde kalıyordu. Rose'un Rothschild'i, Disraeli'nin ihtiyaç duyduğu parayı ödünç vermeye ikna ettiğine inanıyoruz. İngiltere'nin doğu kıyısında yer alan Torquay, kraliyet ailesi ve çevresindekiler tarafından sıklıkla tercih edilen, kaliteli oteller ve kaplıcalarıyla övünen şık bir tatil beldesiydi. Benjamin, o yılın Aralık ayında kız kardeşine yazdığı bir mektupta şöyle yazmıştı:

> "O arkadaşlarına borç vermekten hoşlanıyor, ödünç vermekten değil, çünkü benden asla faiz almıyor."

Dünyanın en tanınmış bazı şahsiyetlerinin tarihine bakmayı ve Rothschild ailesinin onların hayatlarında nasıl bir rol oynadığını ortaya çıkarmaya çalışmayı öneriyorum. Aynı nedenden ötürü devrimleri ve savaşları da inceleyeceğim. Bu ürkütücü bir görev, ancak çoktan yapılması gereken bir iş.

Kurumsal tarihte o kadar çok yalan var ki, duyularımız sersemliyor ve bu kargaşaların yükünü omuzlarında taşıyan ve neden bu kadar korkunç fedakarlıklar yapmak zorunda kaldıklarını hiçbir zaman bilmeyen bu dünyanın sıradan insanlarına gerçeğin nasıl anlatılabileceğini merak ediyorum. Elbette çoğu insanı tatmin eden propaganda açıklamaları var, ancak düşünen bir insan için sadece "vatanseverlik", "vatan sevgisi", "demokrasi için dünyayı güvenli hale getirmek" ve "tüm savaşları sona erdirecek bir savaş"tan bahsetmek hiçbir zaman yeterli olmamıştır. Tarihte çok eskiye gidemem, bu yüzden 18·yüzyıldan başlayarak dünyayı vuran en patlayıcı ayaklanmalardan bazılarıyla ve bu olaylara karışan kişiliklerle başlayalım, ardından 20·yüzyıla doğru devam edelim. Yer sınırlamaları nedeniyle bu olayların daha belirgin özelliklerine odaklanmak zorundayım.

Rothschildların yıkıcı "Fransız" Devrimi'ne karıştıklarına dair kesin kanıt olmasa da, tarihçiler onların bazı ajanları aracılığıyla hareket ederek devrimin arkasında olduklarına inanma eğilimindedir. Hristiyanlığa karşı bilinen nefretleri ve Fransa'yı temsil ettiği Hristiyan monarşisinden kurtarma arzusu, devrimin arkasındaki itici güçtü. Hristiyanlığa karşı muhalefet, Rothschildları her fırsatta ona karşı dolaylı eylemlerde bulunmaya motive eden faktör olarak görülüyordu.

Geçmişten açıkça ortaya çıkan bir şey var: O zamandan beri yapılan her savaş, Rothschildların ateşli destekçileri olduğu Uluslararası Sosyalizmin ilerlemesi içindi.

British Museum'daki belgelerde, Rothschildların 1770'ten beri tüm isyan ve savaşlara derinlemesine karıştığı belirtilmektedir. Dolaylı olarak, Rothschildların bir kolunun, Sir Moses Montefiore'nin amcası Moses Mocatta'nın bankası aracılığıyla Fransız Devrimi'nin finansmanına karıştığına dair kanıtlar bulunmaktadır; Sir Moses Montefiore'nin kardeşi Abraham Montefiore, Mayer Amschel'in kızı Jeanette ile evliydi.

Mayer Amschel'in oğlu Nathan, 1806'da Sir Moses Montefiore'nin baldızıyla evlendi. Abraham Montefiore'nin bir başka kızı olan Louisa ise 1840'ta Sir Anthony Rothschild ile evlendi.

Tarih, Daniel Itzig, David Friedlander, Herz Geribeer ve Benjamin ile Abraham Goldsmidt gibi Yahudi bankacılık hanelerinin "Fransız" Devrimi'nin başlıca finansörleri olduğunu kaydetmektedir. Mayer Amschel'in torunları tarafından yapılan elli sekiz evlilikten yirmi dokuz buçuğunun birinci dereceden kuzenler arasında gerçekleşmiş olması ilginçtir.

1848'den itibaren tempo hızlandı. Marx, tüm savaşların Uluslararası Sosyalizmin ilerlemesi için olması gerektiğini ortaya koydu ve Lenin ile Troçki bunu Komünist doktrine dahil ettiler. Birinci Dünya Savaşı, Rusya'da Bolşevizmi kurmak, "Filistin'de Yahudiler için bir vatan" kurmak, Katolik Kilisesi'ni yok etmek ve Avrupa'yı parçalamak için yapıldı.

Tek Dünya Hükümeti'ne yönelik ilk girişim, Milletler Cemiyeti kisvesi altında başlatıldı. İkinci Dünya Savaşı, Japonya ve Almanya'yı yok etmek, SSCB'yi komünist bir dünya gücü olarak kurmak ve Bolşevizmin etkisini dünyanın dörtte üçüne yaymak için yapıldı. Savaşın ardından Amerika Birleşik Devletleri, Tek Dünya Hükümeti'ne yönelik bir sonraki girişim olan Birleşmiş Milletler'e katılmaya ikna edildi.

İkinci Dünya Savaşı, Amerika Birleşik Devletleri'nin yapısını değiştirdi; iktidardaki çok sayıdaki Uluslararası Sosyalist, ülkeyi Anayasasından ve Cumhuriyetçi yönetim biçiminden koparmaya ve dünyanın yeni Roma İmparatorluğu rolünü üstlenmeye zorladı. Kısacası, Amerika Birleşik Devletleri, Hıristiyan Cumhuriyetçi yönetim biçiminden, Uluslararası Sosyalizm adına ve onun için dünyayı fethetmek üzere bir imparatorluk gücüne dönüştürüldü.

Bu güçlü değişikliklerin arkasında Rothschildların gücü, parası ve yönlendirici eli vardı. Bu ve diğer savaşları tetikleyen önemli olayları ele almaya çalışacağım.

Devrim Fransa'da patlak verdiğinde, soylular ve din adamları Fransız vatandaşlarına karşı liberaldi. Louis Diste'nin "*Freemasonry and Terror*" (Masonluk ve *Ter*ör) adlı kitabına göre, adresinde belirttiği gibi, 10 Ağustos 1789'dan önceki arşivlerde kanıtlandığı üzere, çalışma özgürlüğü ve basın özgürlüğü vardı; Fransız halkının özgürlük, aşırı vergilerden kurtulma ve din özgürlüğü konusunda istediği her şey verilmişti. Tarihten öğrendiğim bir şey varsa, o da dünyadaki sıradan insanlar için her türlü özgürlük, hürriyet ve adaleti nefret eden ve bunlara karşı ölümüne savaşan kötü bir gücün varlığıdır.

Ne zaman böyle bir yönetim sistemi kurulsa, bu kötü, gizli hükümdarlar ortaya çıkıp aşırı şiddet ve zulümle bu hayırsever hükümetleri devirdiler. Buna bir örnek, Çar II. Alexander'ın yeni bir anayasayı kabul ettiği Rusya'dır.

Bakanı Stolypin, köylülere toprak vermek ve bankaları kamulaştırmak için gerekli mekanizmayı harekete geçirmişti; Nikolay, "ilk ateş eden üzerine ateş açılacağı" tehdidiyle savaşları yasaklamıştı ve Çarlar, dünyadaki en kültürlü, bilgili ve zarif insanlar olarak biliniyordu. Stolypin, Çar'ın vaat ettiği özgürlüklerin ve reformların hayata geçirilmesini engellemek için Bolşevik devrimciler tarafından acımasızca öldürüldü.

4 Ağustos 1789'da, "biz 300'üz" diye bağıran (böylece kontrol edenlerin gizli elini istemeden ifşa eden) seksen üç kimliği bilinmeyen adam, Paris'teki Belediye Binası'nı ele geçirdi.

Fransa'da belediye binası genellikle sivil idarenin merkezidir. Robespierre ve Danton, ardından gelen kan dökme çılgınlığına hemen katılmadılar. *Paris'teki Le Matin* gazetesinin editörü Stephane Lausanne, 6 Ocak 1923 tarihli bir makalesinde şöyle demiştir:

> Biz Fransızlar, gezegenimizdeki güçler hakkında her şeyi bildiğimize inanırız. Ancak kitlelerin isimlerini doğru dürüst heceleyemediği adamlar hakkında hiçbir şey bilmiyoruz. Sezar'dan, hatta Napolyon'dan bile daha güçlü olan bu adamlar, dünyanın kaderini yönetiyorlar. Bu adamlar devlet başkanlarını yönetiyor, iktidardaki şahsiyetleri kontrol ediyor ve boyun eğdiriyor, borsaları manipüle ediyor ve devrimleri

başlatıyor ya da bastırıyor.

Elbette o, 7 Rothschild ve 300 Komitesi hakkında yazıyordu. Bilmediği şey ise, Rothschildların Napolyon'u kendi araçları olarak yaratıp kontrol ettikleri ve Korsikalı deha bu gerçeğin farkına varıp isyan etmeye başladığında onu ortadan kaldırdıklarıydı; bunun ilk belirtisi, Napolyon'un Creole asıllı eşi Josephina'dan boşanmasıydı. Philip Francis, *New York American* gazetesinde "Amerika'nın Kupasındaki Zehir" başlıklı yazısında şöyle demiştir:

> "Nominal olarak kendimizi yönetiyoruz; aslında ise Uluslararası Bankacılar Federasyonu'nun Amerikan kolu olan Plunderbund'un oligarşisi tarafından yönetiliyoruz. İngiliz Hükümeti, dünyanın para krallarının bugüne kadar halk kitlelerine karşı yürüttükleri ekonomik savaşı gizledikleri bir kamuflajdır.

Rothschildların Fransız Devrimi'nin gerçekleşmesinde parmağı olduğuna dair doğrudan bir kanıt yoktur, ancak Mirabeau'nun ortağı Talleyrand gibi *Les Amis Réunis*'in bir üyesi olduğuna dair bol miktarda kanıt vardır. Mirabeau ve Talleyrand, o zamanlar adı duyulmamış bir subay olan Napolyon'u keşfettiler. Fransız Devrimi'nin birçok detayının, önde gelen masonların sık sık toplandığı bilinen Wilhelmsbad'daki Hesse Landgrave'nin sarayında tartışıldığına inanılmaktadır; bu da, "Fransız" Devrimi'nin planlandığı, "masonların ötesinde ve onlara bilinmeyen ölümcül gizli konklav"ın başındaki Mayer Amschel ile bağlantılıdır.

Wilhelmsbad aracılığıyla Illuminati'nin kurucusu Adam Weishaupt ile de bir bağlantı vardı. *Rothschild Money Trust*, sayfa 17'de şöyle belirtir:

> Onların iddia ettiği gibi, Illuminati'nin 1789'un kanlı günlerinin yaşanmasında önemli bir rol oynadığı, Yahudiler tarafından kurulduğu ve finanse edildiği ve büyük Rothschild Hanedanı'nın o dönemde finansal açıdan zirveye tırmanmakta olduğu da kabul edilmektedir. Aslında "büyük

> Rothschild Hanedanı" tarafından finanse edildiğine ve Fransız Devrimi'nin aslında Yahudiler tarafından gerçekleştirildiğine dair kanıtlar bulunmaktadır. Bu, Yahudileri Fransa'daki siyasi ve medeni hak mahrumiyetlerinden kurtaran son adımdı.

Tarih açısından ne yazık ki, *The Rothschild Money Trust*, Fransız Devrimi'nin Rothschildlar tarafından finanse edildiği iddiasını destekleyebilecek kaynaklar sunmamaktadır.

1782'de Hesse-Cassel Landgrafı'nın devasa servetini "elde ettikten" sonra, Amschel o sırada dilenci hayatı yaşayan Weishaupt'u yanına çağırdı. Weishaupt o zamanlar düşük statüde bir adamdı ve baldızına yapılan yasadışı kürtajın masraflarını karşılamak için para bulmaya çalışıyordu. Amschel ile görüşmesinden sonra Weishaupt, elinde milyonlarca frankla Paris'te ortaya çıktı. En kötü türden en az 30.000 suçluyu "ithal" etti ve onları Paris'teki sığınaklara yerleştirdi. Almanya'da da aynısını yaptı. 1789'da tüm hazırlıklar tamamlandığında ve sahne hazır olduğunda, Paris'te cehennem koptu. Fransa'yı kasıp kavuran devrimin tarihçisi yazar Pouget St. Andre'ye göre, Danton bir Yahudi'ydi, tıpkı gerçek adı Ruban olan Robespierre gibi. *Les Auteurs de la Révolution Francaise* kitabının yazarı Pouget St. Andre, bugüne kadar hiç cevaplanmamış bir soruyu ortaya attı: Neden Konvansiyon bu kadar çok kan döktü? Kan dökülmesinin, halkın ayrıcalıklı sınıfa karşı duyduğu nefretten kaynaklandığı söylenir. İdam edilen aristokratların tüm mahkumların sadece %5'ini oluşturması nasıl açıklanabilir? Louis XVI zaten ücretsiz olarak sunarken, neden 4 milyar frank ve 50.000 kişinin hayatına mal olan reformlar ( ) satın alındı?

Ernest Renan, *La Monarchie Constitutionelle en France* adlı eserinde şöyle yazmıştır:

> Kral XVI. Louis'in öldürülmesi, en iğrenç materyalizmin, en utanç verici nankörlük ve alçaklığın, en aşağılık alçaklığın ve geçmişi unutmanın bir tezahürüydü. Kralı idam edenlerin tek amacı kan dökmekti.

BÖLÜM 7

Fransız Devrimi'nin

Gizli derneklerin işlerini yapan ve Fransa'yı ele geçirmeye çalışan tüm yardımcıları daha sonra idam edildi; bazıları korkunç ve son derece acımasız bir şekilde. Danton ve Robespierre de dahil olmak üzere, devrimin arkasındaki kişilerin kim olduğunu ifşa etme eğiliminde olmalarını önlemek için susturuldukları tahmin ediliyor.

O zaman da, şimdi olduğu gibi, cinayet, "300'ün" iradesini bozmak isteyenlere karşı kullanılan en sevilen silahtı.

Lord Acton, Fransız Devrimi Üzerine Deneme adlı eserinde şu gözlemi yapmıştır:

> Korkunç olan şey kargaşa değil, planlamadır. Tüm o ateş ve dumanın arasından, hesaplı bir örgütün izlerini görebiliyoruz. Yöneticiler özenle gizlenmiş ve maskelenmiş durumda, ancak başından beri varlıklarından şüphe yok.

1904'teki Rus-Japon çatışmasına, bunu kimin kışkırttığına, finanse ettiğine ve nedenlerine daha sonra değineceğiz, ancak şimdilik, *New York Evening Post*'un editörünün 9 Aralık 1924'te söylediği şu sözleri alıntılamak istiyoruz:

> Propaganda sisinin ardında bir yerlerde, görünmeyen kötü niyetli eller, Rusya ile Japonya arasındaki barışçıl ilişkileri yok etmeye çalışıyor. Japonya savaş istemiyor. Elbette Amerika da savaş istemiyor. Öyleyse neden, Japonya'nın izlenmesi, güvenilmemesi, silahlanılması ve nihayetinde savaşılması gereken bir düşman olduğu yönünde sürekli bir

gürültü var?

Son üç yüzyıldaki tüm tarihi şahsiyetler arasında, Napolyon kadar tanınan başka biri yoktur. Yine de, onun nasıl bilinmezlikten şöhrete yükseldiği hakkında pek bir şey söylenmez.

Rothschildlar tarafından "evlat edinilen" çoğu kişi gibi, Talleyrand onu Rothschildlarla tanıştırdığında Napolyon da beş parasızdı. Çamaşırhane faturasını ödeyecek parası yoktu ve tek bir gömleği vardı. Üniforması, Kont Paul de Barras'ın metresi olarak terk ettikten sonra evlendiği Josephine Beauharnais tarafından temin edilmişti.

1786'da Napolyon, parası olmayan, çok kıdemsiz bir subaydı ve maaşını desteklemek için kapı kapı dolaşarak iş arıyordu. O dönem, Avrupa halkı "Özgürlük, Eşitlik ve Kardeşlik" sloganlarından bıkmıştı. Amschel, Weishaupt'un Kilise'ye, özellikle de Katolik Kilisesi'ne karşı çok az ilerleme kaydetmesinden hayal kırıklığına uğramıştı ve "yeni yetenekler" arıyordu. Korsikalı'nın ateşi ve coşkusu, Amschel'i onu düzgün bir yaşam sürmesi için yeterli parayla donatacak kadar etkilemişti. H. Fischer, British Museum'da görülen bir makalede şöyle yazmıştı:

> "1790'da Napolyon, o zamanlar bile vicdansız olarak değerlendirilen yöntemlerle, tüm bir taburun ikinci komutanı olarak seçilmeyi başardı."

Bunu nasıl başardı? Charles MacFarlane, *The Life of Napoleon* (Napolyon'un Hayatı) adlı eserinde (bu kitabı British Museum'da okumuştum) bu "şaşırtıcı iktidara yükseliş"e ışık tuttu:

Korkunç diktatörün küçük kardeşi Augustine Robespierre, 1798'de Toulon'un alınmasıyla Bonaparte ile tanışmıştı. Kardeşi kadar acımasız olacak olan Augustine ile sıcak bir dostluk gibi görünen bir yakınlık kurduğu gerçeği tartışılmazdır. Wolf

Tone'un otobiyografisine (Barry 1893) göre Robespierre bir Illuministti.

Sadece isimde Hıristiyan olan Napolyon, Amschel'in kalbinde yanan Hıristiyanlık nefretiyi kısa sürede sezdi ve yeni para kaynağını memnun etmek için rol yapmaya başladı. Katolik Kilisesi'ne karşı çıktı. Papa'nın aşağılanması Amschel için çok hoş bir ihtimaldi ve Napolyon'un cebine para giderek artan miktarlarda akmaya başladı.

İşte onun "şaşırtıcı iktidara yükselişi" ve "hayret verici başarıları" böyle açıklanıyor! Modern tabirle söylemek gerekirse, Napolyon'un yazarları ve biyografi yazarları paranın izini sürmeyi başaramadılar.

Weishaupt'un, Amschel tarafından "yaratılma" amacını oluşturan Katolik Kilisesi'ni yok edememesi can sıkıcıydı, ancak Napolyon dikkatini çektiğinde, tüm iş ona devredildi. Bunun nasıl gerçekleştirileceği, Talleyrand'ın Paris'te ve Amschel'in Frankfurt'ta sık sık uğradığı Mason localarında planlandı.

Napolyon'a şunu söyleyen Talleyrand'dı:

> Kiliseyi yok etmenin tek yolu savaştır.

Bu, Korsikalı dehayı "sert, yetkin, becerikli, inisiyatif sahibi bir yıkıcı" olarak nitelendiren H.G. Wells tarafından da kabul edildi, ancak Wells, onun finansal destekçisinden bahsetmedi; bu kişinin muazzam parası olmasaydı, bu karakter özellikleri ona pek bir fayda sağlamazdı.

Kerenski, Troçki, Disraeli, Lloyd George ve Bismarck gibi, Amschel de Napolyon'u önemsiz bir figürken ele geçirdi ve onu Avrupa'nın en önemli adamı haline getirdi.

H. G. Wells, Napolyon'un devrimi sürdürmediğinden şikayet etse de , asıl mesele bu değildi. Amschel, Napolyon'u büyük bir oy farkıyla ömür boyu Birinci Konsül olarak atattığında,

Avrupa'nın perdesini kapatmak için sahne hazırdı.

Amschel tarafından kendisine verilen görevi, yani Hıristiyan monarşilerinin ve Katolik Kilisesi'nin yıkılmasını gerçekleştirdiği sürece, Napolyon bir başarıdan diğerine koşarak şanslı bir hayat sürdü. British Museum'da bulduğum Sidney Dark'ın yazdığı How Great Was Napoleon (Napolyon Ne Kadar Büyük idi) adlı kitapta şöyle yazıyordu:

> Zenginlik ya da soylu bir köken gibi hiçbir avantaja sahip olmadan dünyaya gelen Napolyon, 35 yaşına gelmeden dünyanın hakimi oldu ve 46 yaşında, benzeri görülmemiş romantik bir imkansızlıkla dolu kariyerini noktaladı.

Bu, Napolyon'un arkasındaki güçleri, Amschel ve onun milyonlarını ve Paris ve Frankfurt'taki Mason localarındaki planlayıcıları tamamen göz ardı ediyor. 9 Mart 1796'da Napolyon, bir zamanlar üniformasını ödeyen, doyumsuz cinsel iştahı olan bir Creole kadını olan Josephina de Beauharnais ile evlendi.

Evlilik, Rothschildlar tarafından Kont Paul de Barras aracılığıyla ayarlandı; Barras, Napolyon'u İtalya Ordusu Başkomutanı olarak da atadı.

Josephine, de Barras'ın metresiydi, ancak ondan bıkan de Barras, ilişkiyi sonlandırmak istedi ve Josephine'in kendisinden intikam alacağına dair yemini önlemek için, onu Napolyon ile evlendirdi; bu, Napolyon'un hayatı ve dönemi üzerine yazan hemen hemen her yazarın bu olaya yüklediği "romantik" yorumdan çok uzaktı.

Josephine, kocasından aldığı gizli bilgileri de Barras'a vererek ona yardım etti; bu bilgiler elbette doğrudan Rothschildlara ulaştı. Amschel, 1804'teki Napolyon'un taç giyme törenine kayıtsız kaldı, ancak Papa davet edildiğinde endişelendi. Napolyon , 1810'da Josephine'den boşanıp Arşidüşes Maria Louisa ile evlendiğinde Rothschildlar dehşete kapıldı ve öfkelendi. Rothschildlar, bundan böyle krallıkları yıkma ve

Katolik Kilisesi'ni parçalama şansının giderek azalacağını fark etti.

1810'dan itibaren Napolyon'a karşı zarlar atılmıştı ve James Rothschild, eski kahramanlarını mahvetme görevine atandı.

Napolyon'un yavaş yavaş hayal kırıklığına uğramasının, Fransa için değil, devrimin gerekli bir sonucu olarak ülke üzerindeki hakimiyetini sürdürmek isteyen yabancı bir güç için savaştığının farkına varmasının, kariyerinde Illuminati ve Masonların rolünün tam hikayesi, onu giderek daha fazla öfkelendirdi.

Bu uyanış yavaş ve acı vericiydi, ancak zihni gerçeğe açıldığında Napolyon, onu kontrol edenlere karşı isyan etmeye başladı. G. Bussey, "*Napolyon'un Tarihi*" adlı eserinde, Napolyon'un değiştiğini, savaşa olan şiddetli arzusunu yitirdiğini ve şöyle dediğini aktarıyor:

> Tanrıya şükür, artık dünya ile barış içindeyim.

Rothschildlar artık eski araçlarına ihtiyaç duymuyorlardı. "Napolyon Karşıtı Birlik" adlı bir cephe kurdular ve finanse ettiler. Napolyon'un ihmal etmeye başladığı akıl hocaları artık ona karşı dönmüştü. Karl Rothschild, Papa ile Napolyon arasındaki ilişkileri bozmak için acele etti ve Napolyon'un haberi olmadan, General Radet'e Papa'nın tutuklanmasını emretti. Papa, İmparator'a karşı bir Aforoz Yasası ile tepki gösterdi.

Napolyon, Papa'yı kendi tarafına çekmeye çalışıyordu. Birbiri ardına gelişen olaylar aleyhine işlerken, ayaklarının altındaki zeminin sallandığını hissetti. Illuminati ajanı Stapps tarafından kendisine yönelik suikast girişimi, General Rapp'ın uyanıklığı sayesinde engellendi.

Rusya seferi, ikmal sorunları ve gıda kıtlığıyla boğuşuyordu. Napolyon, bunun ordusuna yönelik kasıtlı bir sabotaj olduğunu anlamadı. Moskova'dan geri çekilme emri vermek zorunda kaldı; bu sırada yaralarından ve soğuktan ölen binlerce asker, arkadan gelen Rothschild'in ajanları tarafından acımasızca vurularak öldürüldü.

Hıristiyanların kaybı korkunçtu. Papa'yı kendi tarafına çekememesi üzerine Napolyon, güveni azaldıkça ciddi şekilde endişelenmeye başladı. Şöyle dedi:

> Papa, İmparatorluğun birleşik parçalarını birbirine bağlamak için ek bir araç olarak kazanılabilirdi. Hem dini hem de yasama oturumlarımı yapmalıydım. Konseylerim Hristiyanlığın temsilcilerinden oluşacaktı ve Aziz Petrus'un halefi başkan olacaktı.

Ancak artık çok geçti, çünkü Karl Rothschild böyle bir planın başarıya ulaşmamasını çoktan sağlamıştı. Hiçbir tarihçi, Napolyon'un 1812'de Rusya'ya neden saldırdığını açıklayamaz. Teoriler bolca vardır, ancak hiçbirinin somut bir dayanağı yoktur. I. Alexander saldırı hakkında şöyle demiştir:

> "Napolyon bana karşı en iğrenç şekilde savaş açtı ve en haince şekilde beni aldattı."

Napolyon ise General Gourgaud'a şöyle dedi:

> Rusya'ya savaş açmak istemedim. Bassano ve Champagny [Dışişleri Bakanları] beni, Rusya'nın notunun bir savaş ilanı olduğu konusunda ikna ettiler. Rusya'nın gerçekten savaş istediğini düşündüm. Rusya seferinin gerçek nedenleri neydi? Bilmiyorum, muhtemelen İmparatorun kendisi de benden daha fazlasını bilmiyordu.

Rothschildlar, Waterloo Savaşı'nda Napolyon'u mahvetti. Napolyon, dostu olduğu ancak Rothschildların maaşını alan Mareşal Soult tarafından ihanete uğradı. Napolyon, Soult'u milyonlarca frank maaşla Dalmaçya Dükü yaptı ve onu Ordu Mareşali olarak atadı. Waterloo'da Soult, Napolyon'un ordusunun kanadını sabitlemek için önemli bir köy olan Genappe'yi ele geçirmeyi ve tutmayı başaramadı.

Daha da kötüsü, takviye kuvvetleri sağlaması gereken Mareşal Grouchy, silah seslerini duyup savaşın başladığını bildiği halde 24 saat geç geldi. Napolyon, Soult hakkında acı bir şekilde şöyle şikayet etti:

> Waterloo'da ikinci komutanım olan Soult, elinden gelenin en iyisini yapmadı... Kurmayları, emirlerime rağmen organize değildi. Soult çok kolay cesareti kırılan biriydi... Soult hiçbir işe yaramıyordu. Neden savaş sırasında Genappe'de düzeni sağlamadı?

Daha da kötüsü, savaşın sabahı, Korsikalı'nın kişisel kurmay kadrosundaki bir düşman, kahvaltısına ona korkunç bir migren ağrısı yaşatan bir madde kattı. Rothschild'lerin gücü ve tarihin tahrif edilmesi işte budur; kendisine karşı işlenen ihanet ve vatana ihanet olmasaydı, Napolyon Blucher ve Wellington'u kesin bir şekilde yenilgiye uğratırdı. Soult efendilerine iyi hizmet etti; onlar da ona Fransa'nın en yüksek makamlarından bazılarını verdiler. Onun Bismarck'ın babası olduğu sık sık öne sürülmüştür, ancak hiçbir zaman kanıtlanmamıştır. Bir zamanlar Bismarck'ın annesi Soult'un metresiydi, bunu Bismarck da doğrulamıştır:

> Beni büyük yapan yeteneklerim veya kapasitem değil, annemin Soult'un metresi olmasıydı, [300 kişiden biri] hepsi bana yardım etti.

Bismarck, Menkenler aracılığıyla Rothschildlar tarafından "yaratıldı". Babası William, Kont Cherep-Spiridovich'in Yahudi olduğunu söylediği Louise Menken ile evlenmişti. Waterloo'da Napolyon'a ihanet eden Mareşal Soult, ölümüne kadar Fransa'nın en üst düzey görevlerinde bulunan 300'ler Komitesi'nin bir üyesiydi.

Soult, William Bismarck'ın kır evine sık sık uğrardı ve genç Bismarck'ın babası olduğuna dair yaygın bir inanç vardı. Genç Bismarck'ı James Rothschild'in kontrolü altında tutan, Bismarck'ın annesi üzerindeki bu "etki" idi. 1833'te Bismarck zor günler geçiriyordu ve mülkünü kaybetme tehlikesiyle karşı karşıyaydı. James Rothschild, Disraeli aracılığıyla genç Bismarck ile dostluk kurdu ve onu Avrupa'nın "muhafazakar" bir gelecek lideri olarak yetiştirmeye çalıştı. Reichstag üyesi Oscar Arnim, Bismarck'ın kız kardeşi Malian ile evlendi.

Evlilikten sonra Bismarck, Lionel Rothschild'in kontrolü altına girdi. Bismarck'ın bunu bildiği, Walter Rathenau'nun 1871'de yaptığı bir açıklamadan açıkça anlaşılıyordu:

> Bismarck'ı büyük bir siyasi deha, kaderin adamı, Napolyon gibi trajik bir kaderin damgası taşıyan biri olarak görmekte ısrar edenlere Bismarck, büyük ilahi adamlara inanmadığını, kendi inancına göre siyasi şahsiyetlerin şöhretlerini, şans olmasa bile, en azından kendilerinin öngöremeyeceği koşullara borçlu olduklarını tekrar ederdi.

BÖLÜM 8

Bismarck şunu açıklar "Avrupa'nın yüksek finansal güçleri"

Bismarck, Amerikan İç Savaşı'nın, kendisinin "Avrupa'nın yüksek finansal güçleri" olarak adlandırdığı güçler tarafından kışkırtıldığını kesinlikle biliyordu. Bu durum, Conrad Siem'in Mart 1921'de *La Vieille France,* N 216'da yayınladığı dikkat çekici yazıda doğrulanmaktadır.

Siem'e göre, Bismarck 1876'da kendisiyle İç Savaş hakkında şöyle konuşmuştur:

> Amerika Birleşik Devletleri'nin iki federasyona bölünmesi, İç Savaş'tan çok önce Avrupa'nın Yüksek Finans Güçleri tarafından kararlaştırılmıştı. Bu bankacılar, Amerika Birleşik Devletleri'nin tek bir blok olarak kalması ve tek bir ulus olarak ekonomik ve finansal bağımsızlığa ulaşması durumunda, dünyadaki hakimiyetlerini sarsacağından korkuyorlardı. Rothschild'ların sesi baskındı.
>
> Güçlü, kendine güvenen ve kendi kendine yeten Cumhuriyet'in yerine, kendilerine borçlu iki zayıf demokrasiyi koyarlarsa muazzam bir ganimet elde edeceklerini gördüler.
>
> Lincoln bu gizli entrikalardan asla şüphelenmedi. O bir kölelik karşıtıydı ve bu sıfatla seçilmişti. Ancak karakteri, onun tek bir partiye bağlı bir adam olmasını engelliyordu. İşleri eline aldığında, Avrupa'nın bu kötü niyetli finansçıları, Rothschild'ların, kendisinin planlarının uygulayıcısı

olmasını istediklerini fark etti. Kuzey ile Güney arasındaki kopuşu kaçınılmaz hale getirdiler! Avrupa'nın finans ustaları, bu kopuşu kesinleştirdiler ki, bunu sonuna kadar sömürebilsinler...

Lincoln'ün kişiliği onları şaşırttı. Oduncu adayı kolayca kandırabileceklerini sanmışlardı. Adaylığı onları rahatsız etmemişti. Ancak Lincoln onların komplolarını okudu ve kısa sürede en büyük düşmanın Güney değil, finansçılar olduğunu anladı. Endişelerini kimseye açmadı; Gizli El'in hareketlerini izledi. Cahil kitleleri tedirgin edecek şekilde bunu kamuoyuna açıklamak istemedi.

Bir kredi sistemi kurarak, eyaletlerin aracı olmadan doğrudan halktan borç almasına izin vererek Uluslararası Bankacıları ortadan kaldırmaya karar verdi.

Finans eğitimi almamıştı, ancak sağlam sağduyusu ona, her türlü servetin kaynağının ulusun emeği ve ekonomisinde yattığını gösterdi. Uluslararası finansörler aracılığıyla para basılmasına karşı çıktı. Kongre'den, eyalet tahvillerini halka satarak halktan borç alma hakkını elde etti.

Yerel bankalar böyle bir sisteme yardım etmekten çok memnun oldular ve hükümet ile halk, yabancı finansçıların komplolarından kurtuldu. Birleşik Devletler'in onların kontrolünden kurtulacağını hemen anladılar. Lincoln'ün ölümü kararlaştırıldı. Saldırmak için bir fanatik bulmaktan daha kolay bir şey yoktur. Lincoln'ün ölümü, Hıristiyan dünyası için bir felaketti.

Amerika Birleşik Devletleri'nde onun yerini doldurabilecek kadar büyük bir adam yoktu. Uluslararası finansörler, dünyanın zenginliklerini ele geçirmek için yeniden harekete geçti. Bankaları, kurnazlıkları ve işkenceci hileleriyle Amerika'nın coşkulu zenginliklerini tamamen kontrol altına alacaklarından ve bunu modern medeniyeti sistematik olarak yozlaştırmak için kullanacaklarından korkuyorum. Dünyanın mirasları haline gelmesi için tüm Hıristiyan dünyasını savaşlara ve kaosa sürüklemekten çekinmeyeceklerinden korkuyorum.

(Bu eserin hazırlığı için, British Museum'da bu özel konu üzerine on ay süren yoğun bir araştırma yaptığımı tekrarlamak isterim. Kaynak olarak alıntı yapılan kitaplar, örneğin *St. Helena'da Napolyon ile Sohbetler* ( ) ve *Bir Sonraki Savaşta Propaganda* ile John Reeves'in eserleri ve bahsedilen diğer birçok eser artık bulunmayabilir).

Rusya, Romanov ailesine karşı çıkan Rothschild'lerde tuhaf bir nefret uyandırdı. Önemli bir Alman tarihçi olan Tiesenhaus'un kızı, babasının Çar'a duyduğu güvensizliği paylaştığını yazdı:

> ... Ancak onunla tanıştıktan sonra, pek çok kişi gibi o da Alexander'ın samimiyeti, enerjisi ve asil karakterinden etkilenmişti. Bu etki, zamanla sadık ve içten bir dostluğa dönüştü. (İmparator Alexander — Bayan de Choiseul-Guffress)

Kont Cherep-Spiridovich'e göre, Nathan Rothschild Rusya'da bir devrim başlatmaya çalıştı, ancak başarısız oldu ve Lionel, Disraeli'ye bunun Almanya'da hazırlandığını itiraf etti:

> "James Rothschild III'ün baş ajanları, Kırım'da bir savaş çıkarmak için Çar I. Nikolay'a karşı harekete geçirildi, ancak kazanamadılar, bu yüzden 1855'te I. Nikolay'ı zehirlediler." (British Museum Papers, *Hidden Hand*, sayfa 119)

Bu önemli olaylarda Disraeli, ya bir "itirafçı" ya da Rothschildların danışmanı olarak büyük bir rol oynadı. Rothschildların Marie Louise'i nasıl kontrol altına aldıkları, Bayan Edith E. Cuthell'in *An Imperial Victim* adlı kitabında anlatılmaktadır: Aralık 1827'de Napolyon I'in dul eşi Marie Louise, Rothschild'tan on milyon frank tutarında bir kredi aldı.

22 Şubat 1829'da, tüm tarihçiler için bir gizem olarak kalan kocası Kont Neipperg'i kaybetti.

Viyana'daki Salomon Rothschild'in sadece bir "memuru" olan

Prens Metternich, Rothschild'ların bir başka himayesindeki Bombelles'e, Marie Louise'in zayıf karakterine rehberlik edebilecek bir adam istediğini söyledi. Bombelles, Marie Louise'in sırdaşı oldu ve daha sonra onunla evlendi.

Rothschildlar, Marie Louise'in henüz Kontes Niepperg iken kalbini çalan Bombelles aracılığıyla, Napolyon'un dul eşini tamamen kontrol altına almışlardı.

Yazar Edmond Rostand'a göre, Bombelles son derece yakışıklıydı. Bombelles hakkında yazan Bayan E. E. Cuthwell, onu şöyle tanımlıyor:

> Onda daha da büyük bir hırs vardı. Yumuşak sesiyle kadınların kulağına fısıldardı. Bombelles, parası olan Mlle Cavanaugh ile evlenmek istiyordu. Amacına ulaştı. Karısı öldü ve kalbini kurşun bir kutuda ona miras bıraktı. O da onu gömdü. Bir yıl sonra, başka bir zengin mirasçıya karşı çaresiz bir tutku besledi, ancak kadın onu reddetti. (*An Imperial Victim*, sayfa 321)

Marie'nin ölümünden sonra, Louise Bombelles Avusturya İmparatoru'nun Mali Denetçisi olarak atandı.

> Parma'da zehirlenerek öldüğü söylentileri dolaşmaya başladı ve daha da yayıldı." (Sayfa 373)

Kont Cherep-Spiridovich, sonrasında yaşananları şöyle anlatır:

> Salomon ve onun katibi Metternich'in desteğiyle Bombelles, Avusturya'nın gelecekteki İmparatoru Franz Joseph'in "eğitimcisi" olarak atandı. Bombelles, 1848'den itibaren tüm dünyayı hayrete düşüren Avusturya'nın en korkunç sadakatsizliğinin, alçaklığının ve zulmünün sorumlusu oldu; o yıl Franz Joseph henüz on sekiz yaşındayken de jure imparator oldu ve Bombelles, Rothschild'in emirlerini alıp uygulayan "tahtın arkasındaki güç" oldu. İlk eylemleri, Macar General Sheezeny ve diğerlerine merhamet gösterilmesini "vazgeçilmez" bir koşul olarak koyan I.

Nikolay'a verdikleri sözü tutmamak oldu. Franz Joseph, Rus birlikleri Avusturya'yı terk eder etmez onları boğazladı. (*Hidden Hand*, sayfa 123)

Rothschildlar sadece tefeciler değil, aynı zamanda spekülatörlerdi. Onların en büyük ilgi alanı, Avrupa ve Rusya'daki demiryollarının inşasıydı; bu işe atladılar ve sıkı sıkıya sarıldılar. British Museum belgelerinde yer alan bu çabaya dair bir anlatımda, James Rothschild, Fransa'yı Kuzey Demiryolu'nun finansmanını kabul etmeye zorladı:

> Hükümet, demiryolu hattının inşası için 100 milyon frank harcama yükümlülüğünü üstlendi. James, vagonların temini vb. için 60 milyon frank harcamayı kabul etti.
>
> 40 yıl boyunca yıllık 17 milyon gelir elde etti; yani 620 milyon faiz artı 60 milyon anapara. Bu girişiminde Rothschildlar, mevduat sahiplerinin 60 milyonunu kullandılar; bunun karşılığında onlara %4 faiz, yani yıllık 2.400.000 ödediler ve böylece imzaları karşılığında yıllık 14.600.000 frank elde ettiler. *Journal des Débats*, ulusu aldatmak amacıyla Temmuz 1843'te Rothschild'in kendini mahvetme ayrıcalığı için yalvardığını belirtti. Fransız basını, Panama skandalından tam elli yıl önce bile provokatör rolünü üstlendi. Rothschildlar, demiryollarını ne pahasına olursa olsun ele geçirmek istiyordu. Bir ara hükümet dürüstlük döneminden geçti ve onların saldırganlığını durdurma cesaretini gösterdi.
>
> 1838'de, Kuzey [demiryolu şirketinden] M. Martin, Parlamento'ya devlet tarafından inşa edilecek bir demiryolu ağı önerdi. M. Martin'in tekelci bankacılık ve ulaşım olmak üzere iki temele dayanan planı Parlamento tarafından onaylansaydı, finansal sadakat daha başlangıcında ortadan kaldırılmış olacaktı. Ancak Rothschildlar, kontrol ettikleri basın aracılığıyla demiryollarını ele geçirmenin bir yolunu buldular. 1840'ta Batı ve Güney hatları Rothschildlara ve Fouldlara verildi.

(Fouldlar, Rothschildların emirlerini yerine getirmek üzere stratejik olarak Fransa'ya yerleştirilmiş uluslararası bankacılardı). 1845 yılına gelindiğinde, tüm büyük hatlar bu iki şirkete aitti. Rothschildlar hakkında en keskin gözlemci gazetecilerden biri, *The Rothschilds—The Financial Rulers of Nations (Rothschildlar—Ulusların Finansal Hükümdarları)* kitabını yazan John Reeves'ti. Kitaptan alınan aşağıdaki yorumlar, Rothschildları çevreleyen gizem perdesini ne kadar keskin ve derinlemesine delip geçtiğini göstermektedir. Reeves'in Nathan Rothschild hakkındaki gözlemleri belki de eşi benzeri yoktur:

> Geride bıraktığı servetin miktarı her zaman bir sır olarak kaldı. İşler, 'un dört oğlu tarafından yurtdışındaki amcalarıyla işbirliği içinde yürütülüyordu. Her bir kızına 500.000 dolar bıraktı; ancak annelerinin ve erkek kardeşlerinin rızası olmadan evlenmeleri halinde bu miras haklarını kaybedeceklerdi.
>
> Çalışanlarına miras bırakmadı ve hayır amaçlı bağışlar da yapmadı... Nathan'ın İngiliz hükümetine ilk kez yardım ettiği olay, 1819 yılında 60 milyon dolarlık bir krediyi üstlendiği zamandı. 1818'den 1832'ye kadar Nathan, toplam 105.400.000 dolar tutarında sekiz kredi verdi.
>
> İspanya ya da eskiden İspanyol bayrağını tanımış olan Güney Amerika devletleriyle hiçbir zaman işi olmazdı. Bazı tarihçilerin açıklaması, bunun İspanyol Engizisyonu yüzünden olduğu yönündedir. Başarısının bir nedeni, kendisini izleyenleri yanıltmak için uyguladığı aldatıcı politikaydı.
>
> 1831'de Nathan Mayer, Avusturya'daki Idria cıva madenlerinin ve aynı zamanda İspanya'daki Almadena'daki benzer madenlerin kontrolünü ele geçirdi. Böylece, tıpta vazgeçilmez olan tüm cıva onun elindeydi ve fiyatını ikiye, üçe katladı. Bu, tüm ulusların hastaları ve acı çekenleri üzerinde korkunç sonuçlar doğurdu...

Rothschildlar hakkında bir başka doğru haberci de M. Martin'di; onun *Stories of Banks and Bankers* (*Bankalar ve Bankacılar* Hikayeleri) adlı kitabı bazı ilginç gerçekleri ortaya koydu. Nathan, çalışanlarına geçimlerini sağlamak için gerekli olandan bir kuruş bile fazla ödeme yapmazdı; en azından, onu ödemeye zorladıkları miktardan bir kuruş bile fazla ödeme yapmazdı.

Lionel Rothschild hakkında yazan Reeves, kitabının 205–207. sayfalarında şu yorumlarda bulundu:

> Lionel, düşüncelerini tamamen muazzam servetini pekiştirmeye odakladı. 'in girişimleri büyük bir ihtiyatla şekillenmişti. Lionel, yabancı kredilerle ilgili müzakerelerde özellikle aktifti, zira bu iş hem kazançlı hem de nispeten risksiz olduğundan, diğer tüm işlerin önüne koyduğu bir işti. Hayatı boyunca şirketi, toplamda yedi yüz milyon dolara ulaşan en az on sekiz devlet kredisinin ihracına ilgi gösterdi. Bu işlemlerin ayrıntılarına girmek, Avrupa'nın finansal tarihini anlatmak anlamına gelir.

Rothschildların, özellikle Avrupa ve hatta dünya hükümetlerine kredi verme konusundaki uzmanlık alanlarında nasıl zengin olduklarını anlamak için, sık sık atıfta bulunduğumuz ve bu çalışmanın geri kalanında da atıfta bulunmaya devam edeceğimiz John Reeves'in kitabını ve British Museum'daki kaynakları inceledim.

BÖLÜM 9

Amerika'daki zenci köleliğinin çok göz ardı edilen bir yönü

Rothschildların Amerika'da yürüttüğü başarılı para ödünç verme faaliyetine geçmeden önce, son yıllarda gündeme gelen kölelik meselesine değineceğim. Bazıları, zencilerin torunlarının atalarının çektiği acılar için tazminat alması gerektiğini söylüyor.

Rothschildların Amerikan İç Savaşı'nı kışkırtmak için köleliği bahane olarak kullandıkları gerçeği göz önüne alındığında, bu önemli bir konudur. Bu fikrin, tüm Rothschildların Londra'da bir araya geldiği Lionel'in kızının düğününden sonra akşam yemeğine oturan Benjamin Disraeli, Lionel ve James'ten çıktığı söylenir. Kont Cherep-Spiridovich'e göre:

> ...Rothschildlar Amerikan İç Savaşı'nı başlattı.

1812'den beri Güney ve Kuzey arasında anlaşmazlıklar olsa da, Rothschildların gizli elinin müdahalesi olmasaydı savaş hiç çıkmayabilirdi.

Duyguları manipüle edip kışkırtarak, Güney köleliğin ekonomik bir artı olmadığını fark etmeye başlamış olsa da, anlaşmazlık bir savaş sebebi haline geldi.

Amerika Birleşik Devletleri'nde köleliğe asla izin verilmemeliydi, ama ne yazık ki verildi. Köleliğin farklı türleri vardır. Avrupa'da yoksullar, sefalet ve aşağılanmanın köleliği içinde yaşıyordu. İngiltere ve İrlanda'da durum, adresinde anlatıldığı gibi hemen hemen aynıydı. Yoksullar, adresinde görüldüğü gibi korkunç koşullarda yaşıyordu. Oğulları silahlı kuvvetlerde hizmet etmek üzere askere alınmış ve milyonlarcası hayatını kaybetmişti.

İngiliz generaller, özellikle Lord Douglas Haig, uğradıkları ağır kayıplara karşı kayıtsızlıklarıyla ünlüydü. İrlanda'da milyonlarca kişi açlıktan öldü. Kölelik evrensel olarak kınanması gereken bir şey olsa da, Amerika'da hoş görülüyordu; ancak nispeten bakıldığında, Avrupa, İrlanda ve İngiltere'deki yoksul sınıflar, Amerika'daki köleler kadar büyük sıkıntılar çekiyordu.

Bir keresinde, Amerika'daki kölelerin durumlarını İrlanda ve İngiltere'deki kölelerle değiştirmek isteyip istemeyecekleri konusunda şüpheler vardı. Ancak Quakerlar ve "kölelik karşıtları"nın gizli eli, kölelik meselesini alevlendirmek için komplo kuran şeytanlar amaçlarına ulaşana kadar Güney'e karşı iftira kampanyasını sürdürdü.

Amerika'daki zenci köleler genellikle bu kadar korkunç koşullara maruz kalmıyorlardı. Dolayısıyla, kölelik karşıtları ve Quakerlar tarafından yazılan, vaaz edilen ve açıklanan, Amerika'daki köleliğe dair bazen abartılı tanımlamaları incelediğimizde, tarafsızsak, nispeten konuşursak, Amerikan zenci kölelerin Avrupa ve Büyük Britanya'daki yoksullardan çok daha iyi muamele gördüğünü kabul etmeliyiz:

> 19.yüzyılın başında, Büyük Britanya, yanlış yönetim ilkeleri ve ticaret ile sanayinin cahilce ve körü körüne geliştirilmesi nedeniyle, en zıt ve çelişkili uç noktalara sürüklenen bir devlet gibi görünüyordu.
>
> Avrupa'nın en özgür anayasasına sahip olmakla övünen İngiltere, aslında en büyük zulmü gizliyordu; sınırsız zenginliklere sahip olmasına rağmen, İrlanda'nın yoksul köylülerinin açlıktan ölmesine izin verirken, Londra'daki işçi sınıfı ar yaygın yoksulluk ve sefalet, isyan ve ayaklanmaya yol açacak kadar büyük ve tarif edilemez boyuttaydı.
>
> Yoksul sınıfların çektiği sıkıntılar, siyasi sistemimizin utanç

> verici durumu nedeniyle daha da ağırlaşmıştı. Ahlak değersizleştirilmişti; rüşvet ve entrika gündemdeki konular arasındaydı. Herkesin düşünceleri, başkalarının acılarını tamamen unutmaya yönelmişti.
>
> Yolsuzluk o kadar yaygındı ki, Kraliyetin ve seçim bölgelerinin bağımsızlığı tehdit altındaydı. (Sir William Molesworth)
>
> 1797'de İngiliz bankaları, esas olarak her yıl savaş ve Kıta Güçlerinin yarısına verilen sübvansiyonlar için milyonlarca sterlin borç alan hükümetin taleplerinin bir sonucu olarak, kendilerini büyük bir sıkıntı içinde buldular. (John Reeves, *The Rothschilds*, sayfa 162)

Görünüşe göre Rothschildlar bile bu şanslarına inanamıyorlardı. Disraeli'nin *Coningsby* romanında yarattığı ve aslında Nathan Rothschild'a dayanan "Sidonia" karakteri şöyle diyordu:

> Bir ulusun, kredisini ve kredisiyle birlikte imparatorluk olarak varlığını sürdürmek için bir bireye başvurması kadar saçma bir şey olabilir mi? (Sayfa 248)

Bu sözler, Rothschild bankacılarını ve onların geniş çaplı krediler yoluyla İngiliz Hükümeti üzerindeki hakimiyetini çok isabetli bir şekilde tanımlıyordu.

Başkan Garfield'ın bir keresinde şöyle demiş olması şaşırtıcı değildir: Parayı kim kontrol ederse, o ulusu da o kontrol eder. Rothschild'ların soyu bu geleneği sürdürdü. Örneğin, Lionel Rothschild, İngiliz hükümetinin Süveyş Kanalı projesini finanse etti. Lionel'in mali desteği olmasaydı, Süveyş Kanalı'nın kazılmamış olması muhtemeldir.

İngiliz hükümetinin Hedi 'dan satın aldığı arazi için ödediği 20 milyon doları sağlayan Lionel Rothschild'dı. Ancak tüm girişimlerinde olduğu gibi, Lionel yüksek bir getiri talep etti ve aldı; 'ın birkaç saatini alan birkaç onay karşılığında 500.000 sterlin.

Çok daha önceden, Mayer Amschel, oğlu Nathan'ı İngiltere'ye gönderip Manchester'da ikamet ettirmesinin Rothschildlar için faydalı olacağını düşünmüştü. Sir Thomas Buxton'a göre, Amschel'in Nathan'ı Manchester'da yaşamaya göndermeyi seçmesinin nedeni burada kısmen açıklanmıştır.

1789'da birçok İngiliz üretici, mallarını satmak için Frankfurt'a bir adam gönderdi. Rothschild'ların hilesi, bu adamı uzun süre orada tutmak ve daha sonra ona Almanya için en büyük siparişi vermekti.

Bu arada Nathan, Manchester'a gönderildi ve orada mevcut tüm pamuk ve boya maddelerini satın aldı. Temsilci siparişlerle Manchester'a döndüğünde, imalatçılar bu malzemeler için Nathan'a başvurmak zorunda kaldı ve o da onlara üç katı fiyat ödetip, hatta malı satmayı reddetti, böylece babasına muazzam bir 'zarar tazminatı' ödetmiş oldu. Sonra pamuğu ve boyaları bazı üreticilere götürdü ve onlar da en düşük fiyata onun için mal ürettiler. Bu alçakça hile, Manchester'daki birçok insanı mahvetti.

Bu yağma, Manchester'ı çok öfkelendirdi. Nathan korktu ve Londra'ya kaçtı; burada Londra Borsası, onun sömürüsü için daha geniş bir alandı. Sonraki yıllarda, Borsa üyelerinden hiçbiri, beş yıl içinde sermayesini 2.500 katına çıkardığını Nathan gibi övünemedi. (John Reeves, *The Rothschilds*, sayfa 167)

Nathan'ın aniden Londra'ya gitmesinin bir başka nedeni, British Museum'da atıfta bulunulan belgelerde belirtilmiştir:

> Bunun bir başka nedeni de, Amschel'in Hesse-Cassel'li Wilhelm IX'u (1785–1821) ikna ederek, Londra'daki işlerini van Notten bankasından Nathan'ın eline devretmesiydi. Elbette, "tesadüfen" Frankfurt Illuminati'sinden bir çete, Nathan'la birlikte Londra'ya giderek orada da aynı şeyi yapmaya çalıştı, ancak İngilizler, aldatılmayacak kadar zekiydi.
>
> Fransa Almanya'yı işgal ettiğinde, Wilhelm IX [o zamandan

beri Seçmen olarak anılan] Amschel'e 3.000.000 dolar verdi; Amschel ise bu paranın Napolyon'un eline geçmesini önlemek için onu Londra'daki Nathan'a gönderdi. Tam o sırada Hindistan Şirketi'nin elinde 4.000.000 dolarlık altın vardı. Nathan bunu satın aldı ve fiyatını yükseltti. Londra'da altın tekelini ele geçirdi. Bu düzenleme günümüze kadar devam etti ve bugün bile N. M. Rothschild her sabah altın fiyatını belirliyor ve Rothschild'in "belirlediği" fiyat dünya çapında "resmi" altın fiyatı olarak kabul ediliyor.

O [Nathan], Wellington Dükü'nün buna ihtiyacı olduğunu biliyordu. Nathan ayrıca Dük'ün senetlerini büyük bir indirimle satın aldı. Hükümet, Nathan'dan altınlarını ödünç istedi ve o da bunları Portekiz'e transfer etti. Nathan altınlarını ödünç verdi ve geri aldı, ancak Dük'ün senetlerinin tam değerinden geri ödenmesini sağladı. Böylece %50 kâr elde etti. Ardından altınlarını yine %15 faizle ödünç verdi, geri aldı ve büyük bir komisyonla Portekiz'e nakletti.

Dük, ordusunun tedarikçilerine ödeme yapmak için bu altına ihtiyaç duyuyordu; bu tedarikçilerin hepsi Portekizli, İspanyol ve Hollandalı Yahudileriydi. Böylece Wellington'a tek bir pound altın bile ulaşmadı, sadece Frankfurt'taki Rothschild tarafından ödenen Portekiz'deki Nathan'ın acentelerine emirler gönderildi. Bu işlem Nathan'a %100 net kâr sağladı. Böylece Rothschildlar, Landgrave'in parasıyla devasa kârlar elde ettiler, ancak tüm kârı kendileri için aldılar. (Maria O'Grady ve John Reeves)

Daha önce de söylediğim gibi, Mayer Amschel'in torunları dünyanın en güçlü adamları oldular. Bu gözlemin doğruluğunu belki de en iyi gösteren örnek, James Rothschild'in Rusya İmparatoru I. Nikolay'ı nasıl yendiğine dair anlatımdır. Olay, Rus devrimci Hertzen'e yöneldi:

Rus Devrimci hareketinin öncülerinden (kışkırtıcılarından) biri olan kötü şöhretli yazar Alexander Hertzen, ülkeyi terk etmek zorunda kaldı. (Aslında polis gelmeden sadece birkaç saat önce Rusya'dan kaçmak zorunda kaldı). Londra'ya geldi ve burada The Bell adlı bir Rus gazetesi çıkardı. Ancak Hertzen, sürgüne gitmeden önce mal varlığını devlet tahvillerine dönüştürmüş zengin bir adamdı. Rus hükümeti, Hertzen'in tahvillerinin miktarını biliyordu ve sürgünün Londra'ya varışının ardından tahvillerin ödenmesi talep edildiğinde, düşmanını ezmeyi umarak I. Nikolay, St. Petersburg Devlet Bankası'na ödemeyi reddetme emri verdi.

Banka doğal olarak bu emre uydu. Ancak Hertzen'in şansına, yaşlı Rothschild'da bir destekçi buldu. Rothschild, Çar'a, Hertzen'in tahvillerinin diğer Rus tahvillerinden farksız olduğunu, bu nedenle isteksiz de olsa Rus hükümetinin iflasını ilan etmek zorunda olduğunu bildirdi.

Tahviller derhal ödenmezse, tüm Avrupa para piyasalarında Çar'ı iflas etmiş ilan edecekti. Nicholas yenildi. Gururunu bir kenara bırakıp tahvilleri ödedi. Hertzen bu hikayeyi *The Bell* dergisinde "Kral Rothschild ve İmparator I. Nicholas" başlığı altında kendisi anlatır. (*The Fortnightly Review*, Dr. A. S. Rappaport, sayfa 655)

Bu anlatımlardan, Amschel Rothschild'in rehinci olarak para kazandığı efsanesinin gerçekler karşısında ne kadar zayıf kaldığı görülebilir; ancak rehincilik işinin Rothschild'in servetinin kaynağı olduğu efsanesi hâlâ devam etmektedir. Artık bu iddianın çok az bir dayanağı olduğu, hatta hiç olmadığı bir gerçek olarak belirtilebilir.

Disraeli, Lionel'i "Sidonia" adıyla anarken, efendisinin gerçek karakteri hakkında birçok ipucu verdi:

"Onu anlamak imkansızdı. Açık sözlülüğü kesinlikle yüzeyseldi. Her şeyi gözlemlerdi, ancak aşırı temkinliydi ve ciddi tartışmalardan kaçınırdı. Sevgisiz bir adamdı."

John Reeves'e göre:

...Rothschild kardeşler, onun üstün zihinsel kapasitesinin tam olarak farkında olarak, Nathan Mayer'i tüm önemli işlemlerini yönetmeye en uygun kişi olarak kabul ettiler. (*The Rothschilds*, sayfa 64)

Londra'daki British Museum'da keşfettiğim birçok ilginç gerçekten en ilginçlerinden biri, dünyanın şimdiye kadar gördüğü en büyük propaganda makinelerinden biri haline gelecek olan kurumun kurucularının tarihçesidir. Bahsettiğim kurum, Britanya'nın yönetici elitinin önde gelen beyin yıkama düşünce kuruluşu haline gelen Tavistock İnsan İlişkileri Enstitüsü'dür. Tavistock Enstitüsü, bugün Amerika Birleşik Devletleri'ni ve Büyük Britanya'yı domine eden devasa bir organizasyona dönüştü. Bu devasa organizasyonun başlangıcı, Birinci Dünya Savaşı'nın patlak vermesiyle 1914 yılında Londra'daki Wellington House'da gerçekleşti.

İngiliz halkını, Almanya ile olan bu savaşı İngiliz yaşam tarzının hayatta kalması için gerekli olarak görmeye ikna edecek bir propaganda makinesini organize etmek kolay bir görev değildi, çünkü o dönemde halkın çoğunluğu Almanya ile savaşmak istemiyordu ve buna karşı şiddetli bir muhalefet vardı. Propaganda girişiminin başına Lord Northcliffe ve Lord Rothmere getirildi. Aslında, her iki adam da evlilik yoluyla Rothschild ailesiyle doğrudan akrabaydı.

Nathan Rothschild II'nin üç kızından biri, 1807 doğumlu Charlotte'tu; o, kuzeni Anselm Salomon ile evlendi; Anselm, Frankfurt Stern ailesinden Amschel ve Caroline Stern'in ikinci çocuğu Salomon'un oğluydu. Stern ailesi, İngiltere'deki Harmsworth ailesiyle doğrudan akrabaydı; bu ailenin üyelerinden biri "Lord Northcliffe", diğeri ise "Lord Rothmere" oldu.

Tavistock Enstitüsü hakkında tüm ayrıntılar için şunu okuyun: The Tavistock Institute of Human Relations: Shaping the Moral, Spiritual, Cultural, Political and Economic Recline of the United States of America. (2006)

Jacob (James) Rothschild, şüphesiz Fransa'daki en önemli

Rothschild ailesi üyesiydi; konumlarını ona borçlu olan pek çok Fransız siyasetçiyi ve lideri adeta o yaratmıştı. Okula neredeyse hiç gitmemiş, bunun yerine babası Mayer Amschel'e Almanya'yı boydan boya kat ettiği sayısız seyahatte eşlik eden on üç yaşındaki çocuktan bu noktaya kadar uzun bir yol kat etmişti.

Orada, prensliklerin sınırlarını geçen Yahudilere uygulanan kısıtlamalarla karşı karşıya kalmış ve her seferinde Liebzoll, yani kişi başı vergi ödemek zorunda kalmıştı. James her zaman Frankfurt'tan ayrılıp, " " kardeşi Nathan'ın peşinden Londra'ya gitmeyi arzulamıştı, ancak Amschel onu Paris'e gönderdi. 1811 yılının Mart ayında Frankfurt'tan bu şehre doğru yola çıktı. Paris'e gelişi, Maliye Bakanı Mollien'in dikkatinden kaçmadı ve Mollien bunu Napolyon'a bildirdi: "Şu anda Paris'te bulunan ve kendisine Rotschild (sic) diyen bir Frankfurtlu, esas olarak İngiliz kıyılarından Dunkirk'e gine kaçakçılığı yapmakla meşgul."

Francois-Nicholas Comte Mollien, 1806-1814 yılları arasında Maliye Bakanı olarak görev yapan Napolyon'un en üst düzey danışmanıydı.

James'in gelişi, James Rothschild'in kendi düşüşünde ne kadar büyük bir rol oynayacağını bilemeyen Napolyon için önemli bir olay olmalıydı ve elbette Rothschildlar kaçakçılıktan daha fazlasıyla uğraşıyorlardı, ancak bu faaliyet onlar için yaygın ve çok kazançlı bir işti. İngilizler Fransa'yı abluka altına aldığında, Mayer Amschel bunu bir servet kazanmak için altın bir fırsat olarak gördü ve altınla servet kazandı.

Yirmi iki yaşında olan James, tavırları neredeyse kölece olan, pek de çekici olmayan bir gençti. Çağdaşlarından bazıları ona pek de nazik davranmıyordu. Mirabeau ve Clement-Tonnerre ile birlikte Paris'in yüksek soylularından olan Castellane, James'i Rothschild'ların Adonis'i olmasına rağmen korkunç derecede çirkin buluyordu. (*Baron James*, Anka Muhlstein, sayfa 61)

Diğerleri ise daha da sert davranıyordu:

> Korkunç bir yüz, en düz, en bodur, en ürkütücü türden bir kurbağa surat , kan çanağı gözler, şişmiş göz kapakları ve bir kumbaraya benzeyen salyalı bir ağız, bir tür altın satrapı, işte Rothschild budur. (Goncourts, *Journal* Paris 1854 Cilt III, 7)

James, 1814 yılında Ticaret Mahkemesinden bankasının tescili için başvuruda bulunarak Paris'te yoluna devam etti.

Bundan önce, o sadece Frankfurt'taki "merkez ofis"in temsilcisi olarak görev yapıyordu. Bu, kendisi, Londra ve Frankfurt arasındaki sağlam bağı değiştirmedi; aksine, onu resmileştirdi ve ona Paris'te daha büyük bir statü kazandırdı. Artık Fransız Hazinesi için vergi tahsilatı yapmaya başladı ve yaygın bir şekilde para ödünç vermeye başladı.

Kralın kaderi değiştiğinde ve Restorasyon (Napolyon'un 100 Günü) sırasında, işlerin başında kim olduğu önemli değildi, herkes James Rothschild'e minnettardı.

O, itibarını veya etkisini hiç kaybetmeden taraf değiştirebiliyor gibi görünüyordu.

Londra'dan kardeşi Nathan tarafından planlanan Napolyon'un Waterloo'daki sonu, Rothschildların gerekli sermayeyi ödünç vererek iktidara dönüşünü mümkün kılan Kral Louis ile çok karlı bir ilişki getirdi. Napolyon ve hükümetinin zayıflatılması, Restorasyon'un getirdiği bolluğun tadını çıkaran Rothschildların eseriydi.

Napolyon'un Yahudilere karşı pek de gizlemeye çalışmadığı nefret duygusu, onun düşüşüne katkıda bulundu. Napolyon, Hıristiyan krallara ve Hıristiyan uluslara saldırmayı reddettikten sonra, Rothschildlar onun korkusu altında yaşamışlardı. Barış havası yeniden hakim olunca, bankacıların kredileri para kazanmak için en büyük ve en iyi fırsat haline geldi ve Rothschildlar bunu sonuna kadar kullandılar.

BÖLÜM 10

Nathan Rothschild, Fransız borçlarını ‘a öder

Fransız hükümeti savaş tazminatlarını ödemek zorundaydı ve bunun için borç para alması gerekiyordu. Nathan Rothschild, XVIII. Louis’e zaferle ama onurlu bir dönüş yapması için gereken parayı ödünç vererek, James için "güneşin altında bir yer" sağladı. Bu meblağın 5 milyon frank olduğu söyleniyordu.

Eski Mayer Amschel’in öğretilerine sadık kalan Nathan, hiçbir şeyi karşılıksız yapmadı. Krediyle ilgili planı, kralı, Paris Başbakanı Duc de Richelieu’nun başını çektiği yüksek sosyete çevrelerine James’in girmesine izin vermeye zorlamaktı.

Başlangıçta Richelieu direndi, ancak Nathan’ın ne kadar ısrarcı olabileceğinden haberi yoktu. Londra’daki Fransız Büyükelçisi Marquis d’Osmond ve Avusturya Büyükelçisi Kont Esterhazy, her ikisi de Nathan’a büyük borçlu oldukları için, Richelieu üzerinde büyük baskı uyguladılar. Sonunda, bu yakışıksız baskıdan son derece rahatsız olmasına rağmen, de Richelieu James’i kabul etmeyi kabul etti. İşler bununla bitmedi.

Ardından James, posta ihalesini elinde bulunduran Almanya’nın von Thurn ve Taxis ailesinden kendisine ulaşan “özel bilgiler”i polis şefi Decazes’e vererek onu kendi tarafına çekti. Aile, Rothschild’ların ilgisini çekecek mektupları açıp içeriğini Paris’teki James’e, Londra’daki Nathan’a veya Frankfurt’taki Mayer’e iletiyordu. Von Thurn ve Taxis ailesinin 300’ler Komitesi’nin bir parçası olduğunu belirtmek gerekir. Bu şekilde elde edilen bilgileri, asıl alıcısı olması gereken de Richelieu yerine Decazes'e vermek, iki kat fayda sağlıyordu. Karşılığında Decazes, James'i, bankasına yönelik olası Yahudi karşıtı hamleler veya siyasi entrikalar hakkında bilgilendiriyordu.

Önemli kişilerden oluşan çevresi genişledikçe James, statüsüne daha uygun, kendisinden beklenen lüks tarzda misafir ağırlayabileceği bir eve ihtiyacı olduğuna karar verdi. Böyle bir evi, daha önce Kraliçe Hortense'e ait olan ve 1794'te giyotinin kurbanı olan Laborde adlı bir Parisli bankacıya ait olan Rue La Fitte'deki bir konakta buldu. İmparatoriçe Josephine'in kızı Hortense, Napolyon'un kardeşi Louis ile evlendikten sonra Hollanda Kraliçesi olmuştu.

James'in evi yeniden düzenletmesi ve yenilettirmesi ona bir servete mal oldu; bazıları faturaların üç milyon frankı aştığını söylüyordu. 1834'te tamamlandığında, ev şehrin gündemine oturdu.

Alman-Yahudi komünist filozof Heinrich Heine, Orleans Dükü ve Coburg Prensi Leopold, James'in düzenlediği göz alıcı akşam partilerinin sık sık konuklarıydı.

Prens Metternich ve büyük adamın güvenini kazanmış parlak Prusyalı Friedrich von Gentz'in de dahil olduğu maiyeti Paris'e geldiğinde, James, kralın dönüşünden bu yana Paris'te görülen hiçbir şeye rakip olacak bir parti verdi. Güçlü Wellington Dükü bile Paris'i ziyaret ettiğinde James'in davetini reddetmeye cesaret edemedi.

James, von Gentz'i himayesine aldı ve onun kadınlara, özellikle de çok sayıda kadına olan zaafını kullanarak, bugün "kolay şartlar" dediğimiz şekilde von Gentz'e ihtiyaç duyduğu parayı sağladı. Von Gentz, idare edebileceği kadar kadınla birlikte oldu ve o zamana kadar karşılayamadığı birçok lüksü elde etti. Böylece James, von Gentz'i "sahiplendi".

> James'in sarayı, her türden politikacının, özellikle de açıkça komünist ve sosyalist olanların ilgi odağı haline geldi. Bu

> kişilerden biri, Avrupa'daki tüm kralların tahttan indirilip James ile değiştirilmesi gerektiği fikrinin güçlü bir destekçisi olan Ludwig Borne idi; Paris'te taç giyecek olan Louis Philippe hariç, böylece taç giyme töreni Papa tarafından değil, James Rothschild tarafından gerçekleştirilecekti. (*Notre Dame de la Bourse*, 22 Ocak 1832)

> Daha önce de belirtildiği gibi, James Rothschild'in himayesindeki bir kişi, vatanını terk edip Paris'e yerleşen Alman şair Heinrich Heine'ydi; bunun Rothschild'e yakın olmak için mi yoksa siyasi nedenlerle mi olduğu kesin değildir. Heine, açıkça komünistti ve büyük olasılıkla Alman polisinin yıkıcılar listesindeydi ve bu, Paris'e yerleşmesinin nedenlerinden biri olabilir. Rothschild, Heine'ye sayısız şekilde yardım etti; bunlardan en önemlisi maddi yardımdı. Heine, James'i bir devrimci olarak görüyordu ve onu "Crémieux'nun değerini ilk fark edenlerden biri" olduğu için övüyordu... Demiryollarının Pontifex Maximus'u Emile Pereire'yi tek başına keşfeden Herr von Rothschild'dı. (Olivia Maria O'Grady)

James'i bu yeni moda akıma yatırım yapmaya iten kâr açısını incelediğimde, bunun tam olarak doğru olmadığını gördüm. Pereira, inşaat işlerinin günlük denetimini yapmak üzere James tarafından istihdam edilen genç bir Sefarad Yahudisiydi. Tüm bu süreç boyunca James ve Nathan, Mayer Amschel'in onlara öğrettiği ticaretin püf noktalarından, yani paranın her şey olduğu hedefinden asla sapmamak ilkesinden uzaklaşmadılar.

James ve Nathan'a sunulan birçok tekliften biri, Alsace'daki Colmar'da konuşlanmış Avusturya birliklerine ödeme yapmak üzere resmi acente olmak idi. Rothschildlar, tüm " " rakiplerini alt ederek sözleşmeyi aldılar. İş riskliydi çünkü haydutların kol gezdiği bölgelerden madeni para nakliyesini içeriyordu ve pahalı bir sigorta gerektiriyordu. James, fiziksel madeni paraları nakletmek yerine, askerlere ödeme yapılması için yerel bankalara Rothschild kredileri yatırılmasını ayarladı. Riski ortadan kaldıran James ve Nathan, önemli komisyonlar elde edebildiler.

Bu, yeni bir işin temeli oldu; artık tüm kıta genelinde ve Londra'ya para transferi bu şekilde yapılıyordu ve Rothschildlar bu alanda tekel konumundaydı.

Okuyuculara James'in sahip olduğu muazzam gücü biraz olsun gösterebilmek için, onun *en ünlü davalarından* biri haline gelen ve güçlü kolunun ne kadar uzağa uzanabildiğini gösteren şu olayı anlatacağım. 1840 yılının Nisan ayında, Thomas adında bir rahip ve hizmetçisi Şam'da ortadan kayboldu. Cinayet şüphesi vardı ve tesadüfen Yahudi olan şüpheliler tutuklandı; bunun üzerine cinayeti itiraf ettiler.

> Dünya Yahudileri, tutuklanan Yahudilerin masum olduğunu ve itiraflarının işkence altında yapıldığını söyleyerek hemen şiddetle protesto ettiler. James ve Salomon, hemen birleşik baskılarını hükümdar üzerinde hissettirdiler ve Salomon, Avusturya Prensi Metternich'i harekete geçmeye ikna etti.
>
> Avusturya Konsolosu von Laurin, Muhammed Ali'ye protesto notası gönderdi ve alınan önlemleri doğrudan James ve Salomon'a bildirdi. Ancak Şam'daki Fransız Konsolosu, olay yerinde olduğu için cinayete ve sanıklara tamamen farklı bir bakış açısıyla yaklaştı; siyasi durum gergin olduğundan, Louis Philippe, Hıristiyanlara karşı Yahudilere haksız bir destek verme riskini göze alamadı. James'in Salomon'a yazdığı mektup oldukça önemlidir. Bu mektup, Rothschildların hükümetlere baskı yapmak ve kamuoyunu şekillendirmek için kullandıkları perde arkasındaki yöntemleri açıkça ortaya koymaktadır: Ne yazık ki çabalarım henüz istenen sonuçları vermedi. Hükümet bu konuda çok yavaş hareket ediyor; Avusturya Konsolosunun övgüye değer eylemine rağmen, mesele çok uzak olduğu için kamuoyunun ilgisi yeterince uyanmadı. Şu ana kadar başardığım tek şey, bugün Monitor'da belirtildiği gibi, İskenderiye'deki Konsolos Yardımcısına Şam'daki Konsolosun davranışını soruşturması talimatının verilmesini sağlamaktı.
>
> Bu sadece geçici bir önlemdir, çünkü konsolos yardımcısı konsolosun emri altındadır ( ), dolayısıyla konsolosun

> eylemlerinden dolayı onu hesap sorma yetkisi yoktur. Bu koşullar altında geriye kalan tek yol, burada çok etkili olan bir yöntem olan gazetelerin yardımına başvurmaktır. Bu nedenle bugün, Avusturya Konsolosunun raporlarına dayanan ayrıntılı bir haberi Debates ve diğer gazetelere gönderdik ve bu haberin Augsburg'daki *Algemene Zeifung* gazetesinde de benzer ayrıntılarla yayınlanmasını sağladık.
>
> Bu konuyla ilgili olarak Herr von Laurin'in bana yazdığı mektupları, ancak Prens von Metternich'in iznini aldıktan sonra yayınlayabileceğimizi düşünmeseydik, kesinlikle yayınlardık.
>
> Bu nedenle, sevgili kardeşim, bu haklı davada seve seve elinden geleni yapacağına inandığımdan, Prens'ten nezaketle bu mektupların yayınlanmasına izin vermesini rica etmeni rica ediyorum. Prens'in bu üzücü olayla ilgili olarak ifade ettiği insani duygular, bu talebin reddedilmeyeceğine dair bize güven veriyor.
>
> İstenen izni aldığında, sevgili Salomon, mektupları hemen sadece *Osterreicher Beobachter*'da yayınlamamanı rica ediyorum, aynı zamanda *Augsburger Zeitung*'a da kısa bir kapak mektubu ile birlikte gönderirsen, bu yolla da kamuoyuna ulaşabilirler. (*The Untold History*, Kont Cherep-Spiridovich)

Rothschild'ların kontrolü altındaki bazı önemli devlet adamları, onların gücü ve etkisinden endişe duymaya başladı.

Bunlardan biri, Salomon Rothschild'in sıkı kontrolü altında olan ve onun tarafından Rothschild ailesinin bir "uşağı"ndan başka bir şey olarak görülmeyen Prens Metternich'ti. Avusturya'nın egemenliğinin büyük bir kısmını takas ettikten sonra, Metternich ciddi şüpheler duymaya başladı:

> İyi veya ahlaki olarak değerlendiremeyeceğim doğal nedenlerden ötürü, Rothschild Hanesi, belki İngiltere hariç, herhangi bir ülkenin dışişleri bakanlığından çok daha önemli

> bir etkiye sahiptir. En büyük itici güç, paralarıdır. Hayırseverlik umuduyla, altının ağırlığı altında tüm eleştirileri bastırmak zorunda kalan insanlar, ona çok ihtiyaç duyarlar. Yolsuzluk gerçeği, modern temsili sistemde, kelimenin tam anlamıyla, oldukça açık bir şekilde ele alınmaktadır.

Metternich, Avusturya'yı satarak uluslararası devrimcilerin ekmeğine yağ sürdüğünü çok geç fark etti ve devrimci ateşler yanmaya başladığında, yüksek rütbesine rağmen Prens Metternich, Salomon Rothschild'dan ödünç aldığı parayla Viyana'dan kaçmak zorunda kaldı.

Tarihçiler, Metternich'in farkında olmadan ortaya çıkmasına yardım ettiği devrimci güçler hakkında hiçbir fikri olup olmadığı konusunda şüphe duymaktadır. British Museum'daki belgelere göre, dünya devrimi 1848'de, o yılın Ocak ayında Sicilya'da başlayarak hız kazanmaya başladı.

> Avrupa'nın büyük şehirleri heyecan dalgalarıyla sarsılmış gibiydi. Kargaşa Napoli'ye de sıçradı. Paris'te barikatların üzerine kırmızı bayraklar dalgalandı. Sosyalist devrimciler, 22 Şubat 1848'de işçileri ve öğrencileri kanlı bir ayaklanmaya sürükledi ve Guizot istifa etti. (Olivia Maria O'Grady)

James Rothschild'in, Kral Louis Philippe'i devrimci fikirlere sempati duyduğunu düşünerek fazla abarttığı belirtilmektedir.

Harvard Üniversitesi'nde Coolidge Tarih Profesörü olan William Langer'e göre... Cumhuriyetçiler ve diğer radikaller, Louis Philippe'i devrimci bir hükümdar olarak kabul etmişlerdi, ancak hatalarını çok geç fark ettiler.

Bu şaşırtıcıdır, zira James Rothschild karakterleri çok iyi değerlendiren ve siyasi manzarayı bir yol haritası gibi okuyabilen biri olarak biliniyordu. Kesin olarak söylenemez, ancak Nathan Rothschild'in yakın arkadaşı Mareşal Soult'un, Brioglie Dükü, Thiers ve Guizot ile bir bakanlık kurmuş olmasıyla bir ilgisi olabilir; bu son iki isim, siyasetin belirgin bir şekilde muhafazakar kanadına mensuptu.

1830 yılında, Marx ve Sosyalist Enternasyonal'in kışkırttığı işçilerin talepleri İtalya ve Polonya'da başladı, ancak hükümetler bu talepleri karşılamadı. 1831 yılında Fransa'da radikal kışkırtmalar ve şiddet devam etti:

> Kasım 1831'de, Lyon'da işçilerin başlattığı büyük çaplı bir ayaklanma zorlukla bastırıldı. Bunu gizli derneklerin hızla yayılması izledi. Basın özgürlüğü rejimi altında kral acımasızca saldırıya uğradı ve radikal gazetelerde, özellikle Honorare Daumire tarafından merhametsizce karikatürize edildi. 1834'te Paris ve Lyon'da büyük isyanlar çıktı ve bunlar büyük bir sertlikle bastırıldı. 1845'te radikal Fieschi, Louis Philippe'i suikast girişiminde bulundu, ancak girişim başarısız oldu. Bundan sonra, 1836'da kral, kişisel dostu Albay Louis Mole'un sağ merkez lideri Guizot ile birlikte yönettiği bir hükümet kurdu; ancak Mole, sol merkez partisiyle güçlerini birleştirerek Mole'u devirdi. (*The Untold History*, John Reeves)

The Untold History'ye devam edelim:

> 1848'den önceki devrimci faaliyetler, Karl Marx, Frederick Engels ve Louis Napoleon Bonaparte gibi isimleri Avrupa kıtasından sürgüne göndermişti. İngiltere, onların sığınağı olmuştu. 1848'de devrimlere katılmak için Avrupa kıtasına geri dönmüşlerdi. 24 Şubat 1848'de, Şart, anayasa ve parlamenter yönetim aniden sona ermiş gibi görünüyordu.
>
> Bütün Paris'te tek bir milis, tek bir asker, tek bir jandarma ya da tek bir polis memuru bile görmedim. Bu arada, tüm üst sınıflar tam bir dehşete kapılmıştı. Devrim (1789-94) boyunca hiçbir zaman bu kadar büyük bir dehşet yaşandığını sanmıyorum. (Victor Hugo, *Choses vues*, sayfa 268)

James birkaç gün daha kaldı ve Ulusal Muhafızların üyelerinden biri olan Feydeau tarafından gözlemlendi:

> Öğle vakti, iki beyefendinin kol kola, sakin bir şekilde Rue de la Paix'den çıkıp Tuileries'e doğru yürüdüklerini gördüm. Onlardan birini Baron de Rothschild olarak tanıdım. Hemen yanına gittim. "Messeur le Baron," dedim, "yürüyüş için pek de iyi bir gün seçmemişsiniz gibi görünüyor. Her yöne uçuşan kurşunlara kendinizi maruz bırakmaktansa eve dönseniz daha iyi olur diye düşünüyorum."
>
> Ancak Baron, güvende olduğunu ve Maliye Bakanlığı'nda kendisine ihtiyaç duyulduğunu söyledi. Louis Napolyon önce Fransa Cumhurbaşkanı, ardından İmparator olacaktı; Marx ve Engels, Komünist Birlik'in kurulmasına katıldı ve devrimlerin başarısızlıkla sonuçlanmasının ardından İngiltere'ye döndüler; Joseph Wedermeyer'in de aralarında bulunduğu diğerleri ise Amerika Birleşik Devletleri'ne göç etti... (Olivia Maria O'Grady)

Sedan Savaşı ve Napolyon III'ün Prusyalılar tarafından esir alınmasından sonra (Eylül 1870), kendini Fransız ulusunun kalbi, beyni ve diğer organları olarak gören Paris, Fransa'nın geri kalanını ise geri kalmış, ilkel, hatta neredeyse barbar bir uzantı olarak gören Paris, (Fransa adına) bir dizi devrimden geçti ve bu devrimler, ulusu düşmanın önünde diz çöktürmekten ve onun hor görmesine maruz bırakmaktan başka bir işe yaramayan 1871 Paris Komünü ile doruğa ulaştı. Profesör Langer'den alıntı:

> 1840–1847 yılları arasında Guizot, lider figür haline geldi. Guizot, 1847'de başbakan oldu ve 1848'de istifa edene kadar iktidarda kaldı. Sokak olayları Şubat Devrimi'ne yol açtı.

1848'deki olayların anlatımına, British Museum'daki makale ve belgelerden, John Reeves'in *L'Alliance France-Allemande* et *Les Forces Titanique, The Rothschilds* adlı kitabından ve Olivia Maria O'Grady'nin anlatımlarından devam edelim:

> Paris'te barikatların üzerine kırmızı bayrak çekildi. Marksist-devrimciler, 22 Şubat 1848'de işçileri ve öğrencileri kanlı bir ayaklanmaya sürükledi ve Guizot istifa etti. Askerler barikatlardaki devrimcilere saldırdı; bu da halkı çılgınca bir

heyecana sürükledi. 24'ünde, Ulusal Muhafızlar ve piyade alayları isyancıların tarafına geçti. Yetmiş dört yaşındaki Louis Philippe ülkeden kaçtı.

Marx ve Engels devrimi bizzat yönetmeye hazırlandılar... Marx'a tam devrimci yetkiler verildi... Lamartine ve Arago, Yahudi bankacı Michael Goudchaux'dan devrimci maliye bakanlığı görevini kabul etmesini istediler. Bankacı kabul etti. Barikat valisi Caussidere, devrimci yardımcılarına ödeme yapmak amacıyla James Rothschild'dan bir kredi istedi. James memnuniyetle kabul etti. (Sayfa 218–219)

Marx ve Engels'in çeşitli devrimci grupların başına nasıl geçtiğini ve Almanya'da isyanı nasıl örgütlediklerini anlattıktan sonra O'Grady şöyle yazdı:

Nisan başında Marx ve Engels, devrim ateşinin kendilerinden önce ulaştığı Almanya'ya gitmek üzere Paris'ten ayrıldılar. Kutsal İttifak, Viyana'nın dumanı ve alevleri içinde çökmüş ve Prens Metternich, Solomon Rothschild'tan ödünç aldığı parayla şehirden kaçmıştı. (Sayfa 219)

James Rothschild, 1848 devrimini desteklemek için Ledru-Rollin'e yedi yüz elli bin frank verdi. Rollin'in Rue Lafitte'deki Palais Rothschild'i yakmakla tehdit etmesi üzerine bunu yapmak zorunda kaldığı söyleniyordu. 1848 Haziranında üç gün süren sokak çatışmalarında Louis Eugene Cavalgnac galip çıktı; hemen diktatörlük yetkilerini üstlendi ve Ulusal Meclis tarafından bakanlar kurulu başkanlığına aday gösterildi. Rothschild, büyük meblağları serbestçe kullanarak Fransa'daki yeni iktidarın gözüne girdi ve Cavalgnac ile de Louis Philippe ile olduğu kadar samimi bir ilişki kurdu. Kısa sürede, eskiden monarşist olduğu kadar iyi bir cumhuriyetçi olduğu söylenmeye başlandı.

Fransız İşçi Partisi onu kendilerinden biri olarak gördü. Radikal *Tocsin des Travailleurs* gazetesinin editörü şöyle yazdı:

Siz bir mucizesiniz efendim! Yasal çoğunluğuna rağmen

> Louis Philippe düştü, Guizot ortadan kayboldu, anayasal monarşi ve parlamenter yöntemler rafa kaldırıldı; ancak siz hiç etkilenmediniz. Aragon ve Lamartine nerede? Onlar bitti ama siz hayatta kaldınız. Bankacılık prensleri tasfiye ediliyor ve ofisleri kapatılıyor.
>
> Büyük sanayi liderleri ve demiryolu şirketleri sallanıyor... bu yıkıntılar arasında sadece siz etkilenmemiş kalıyorsunuz.
>
> Paris'teki şiddetin ilk şokunu eviniz hissetmiş olsa da, Devrim'in etkileri sizi Napoli'den Viyana'ya, oradan da Berlin'e kadar takip etse de, tüm Avrupa'yı etkileyen bu hareket karşısında siz hiç sarsılmadınız. Zenginlik yok oluyor, şan ve şeref alçaltılıyor v 'daki hakimiyet kırılıyor, ama Yahudi, zamanımızın hükümdarı tahtını korudu.

Paris Komünü, Avrupa'daki ilk komünist hükümetti. O'Grady, Rothschildlar hakkında şöyle yazıyor:

> Sınırsız para kaynaklarına sahip olmaları, Rothschildlar için tüm engelleri ortadan kaldırdı. Büyük servetin parıltısı, her yerde sosyal prestijlerini artırdı. Güçlüler, büyük krallar, prensler ve başbakanlar onların lütfunu aradılar.
>
> Saraylar inşa ettiler ve hükümdarların devlet işlerini gölgede bırakacak kraliyet ihtişamıyla "doğru insanları" ağırladılar. Dünya ayaklarının altındaydı ve Avrupa'daki Yahudilerin davası yükselişteydi. Servetlerinin ne kadar muazzam olduğu, ilerledikçe ortaya çıkacaktır.

BÖLÜM 11

Fransa, komünist saldırılardan kurtulur

Bu önemli olayı geride bırakarak, bu eğilimin devam edip etmediğini görmek için sonraki yıllarda Fransa ile ilgili makaleleri araştırdım ve devam ettiğini gördüm. Paris Komünü'nün başarısının ardından, Komünistler 1871'de Bismarck ile Versay Geçici Barış Anlaşması imzalandıktan sonra tekrar denediler. Eylül 1870'te Sedan'da Napolyon III'ün çöküşü, Fransız İmparatorluğu'nun hayatta kalamayacağı bir darbe oldu.

4 Eylül'de, James Rothschild'in devrimi kısmen finanse ettiği önceki olayda olduğu gibi, kalabalık yine Paris'i ele geçirmeye çalıştı, ancak 19 Eylül'de Sedan'da Fransızları mağlup eden Alman orduları Paris'e akın etti ve şehri kuşattı.

Komünistler saldırılarını sürdüremez hale geldi ve Paris'te sadece sekiz gün yetecek kadar yiyecek kaldı. 28 Ocak 1871'de Paris, Alman ordusuna teslim oldu. Fransız birlikleri silahsızlandırıldı, kaleler ele geçirildi. Bismarck seçimlere izin verdi ve Almanya'ya beş milyar frank tazminat ödenmesini talep etti. 1871 yılının Mart ayından Mayıs ayına kadar, Bismarck'ın silahsızlandırmayı başaramadığı Marksist Komünist Ulusal Muhafızlar, 417 top ele geçirdi ve Generaller Lecomte ile Thomas'ı öldürdü.

Enternasyonal, Loeb, Cohen, Lazare, Levi ve tabii ki Karl Marx aracılığıyla Ulusal Muhafızlar'da öncü bir rol oynadı.[1] Düzenli birlikler geri çekilmek zorunda kaldı ve Paris'i Marksist Sosyalist Enternasyonal'in eline bıraktı. Alman ordusunun desteğiyle, Fransız birlikleri Paris'teki barikatlara saldırdı ve Komünistlerin kontrolünü kırdı. Ancak bu arada, Fransız ve Alman düzenli birliklerinin saldırısı isyancı Ulusal Muhafızların önderliğindeki çetenin gücünü kırmadan önce, Komünistler korkunç misillemeler uyguladılar. Vincennes Kalesi'nde 67 masum rehine katledildi.

Darboy Başpiskoposu, birçok rahibi gibi bir köpek gibi vuruldu. Önemli vatandaşlar da yargısız infaz edildi. Bu olaylar, Üçüncü Cumhuriyet'in birlikleri şehre girerken bile yaşandı.

20 Mayıs 1871'de Komünistler, kuşatma altındaki Paris'in tüm bölgelerini benzinle ıslatarak, tüm kamu binalarını ve evler dahil çoğu özel mülkü ateşe verdiler. Tuileries, Maliye Bakanlığı, Palais Royal, Adalet Bakanlığı, Belediye Binası ve emniyet müdürlüğü ateşe verildi ve tamamen yandı.

> Bir mucize eseri, görkemli Rothschild Konağı ve paha biçilmez eşyaları zarar görmedi. Her zamanki gibi, Rothschild Hanesi 1870–1871 savaşının ve Paris Komünü'nün tehlikelerinden finansal olarak sarsılmadan çıktı ve hâlâ Avrupa'nın tartışmasız efendileri olarak kaldı. Rothschildlar, monarşiye olan bağlılıklarını değiştirip aynı bağlılığı Üçüncü Cumhuriyet'e de gösterebileceklerini bir kez daha kanıtladılar.

Alfonse Rothschild, elbette, Versay'a çekildi ve Hotel des Reservoirs'da bir oda tuttu; burada, " "un çatışmaları, yağmalamaları ve devrimin dehşeti boyunca yaşadı.

Alıntılar Olivia Maria O'Grady'nin eserinden, Profesör

---

[1] Hepsi Yahudi. *Ed.*

Langer'in çalışmalarından ve John Reeves'in *The Untold Mystery* kitabından alınmıştır.

Dikkat çekici olan nokta, en radikal kalabalık talihsiz kurbanlarını öldürmek için geride kalırken, Komün liderlerinin şehirden kaçarak İngiltere, İsviçre ve Latin Amerika'ya gitmiş olmalarıdır. Paris Komünü, kan dökme çılgınlığı içinde çöktü. Komünü yönetmek için harcanan muazzam miktardaki paranın (Komün sadece iki ay sürdü) Rothschild'lerden geldiğine dair pek şüphe yok gibi görünüyor.

> Komün liderleri, o günler için muazzam bir meblağ olan 42 milyon frank harcadı. En cömert harcamalarla bile bu miktarın üçte birini nasıl harcayabilecekleri anlaşılmıyor. Bu, yaklaşık 25 milyon frankın bir yere, muhtemelen İsviçre'ye kaybolduğu anlamına geliyor; bu para, Komün'ün bastırılmasının ardından Beslay'e ülkeyi terk etmesi için güvenli geçiş belgesi verildiğinde, onu İsviçre'ye eşlik eden Fransa Merkez Bankası Başkanı, daha doğrusu Başkan Yardımcısı Marquis de Poleis'in bagajında olabilir. (The Untold History, John Reeves) O dönemde genel kanı, Paris Komünü tarafından (diğer bir deyişle dolaylı olarak Rothschildlar tarafından) Fransa Merkez Bankası'na atanan Beslay'ın parayı onlar için kurtardığı ve Rothschildların güvenli geçiş belgelerini ayarladığı yönündeydi.

Her halükarda, Paris Komünü Fransız halkına utanç ve rezalet getirdi ve Sosyalist hareketi bir çöküş sürecine soktu. Versay Ön Barış Antlaşması'nın kısmen James Rothschild'in oğlu Alfonso Rothschild tarafından müzakere edildiğini belirtmek ilginçtir. Alfonso, Bismarck ile mali müzakereleri sonuçlandırdı ve tazminat olarak talep edilen beş milyar frankın ödenmesini kabul etti.

Eduard Rothschild, 26 Mayıs 1905'te ölen James Rothschild'in en büyük oğlu Alfonso Rothschild'in oğluydu, ancak Fransız- i ilişkilerindeki veraset zinciri devam etti. Daha sonra, Filistin'de bir Siyonist devletin kurulmasına yol açan sözde "Balfour Deklarasyonu"nda Eduard Rothschild ve Lord Rothschild'in oynadığı rolü göreceğiz; bu arada, Disraeli de efendileri Rothschildlar adına bu süreçte öncü bir rol oynamıştı. Dünya tarihini inceleyen herhangi bir öğrenci de bileceği gibi, perde arkasında her zaman birileri vardır.

Disraeli, Yahudiler için "vatan" konusunda nasıl bir rol oynadı? Disraeli, Tancred adlı eserinde şunlardan bahsetmiştir

> "Kudüs'ün Yahudilere ait olduğu o siyasi adalet günleri."

Kudüs hakkında şöyle yazdı:

> "Gözlerimin önünde muhteşem bir şehir gördüm"

ve Alroy, Contari ve Fleming adlı romanlarının tamamında Kudüs'e olan sevgisinden bahsederken, buranın Yahudilere ait olduğunu vurguladı. Disraeli, kır evi Hughendon'da, ziyarete gelen Stanley'e

> "Filistin'i Yahudilere geri verme ve Yahudiler tarafından yeniden kolonileştirme planlarını" anlattı.

Karl Marx, 1871 Paris Komünist Ayaklanmasında nasıl bir rol oynadı? British Museum'daki kayıtlara göre ve diğer iki kaynak tarafından da doğrulandığı üzere:

> Marx sevinç doluydu ve Paris'teki katil haydutları serbest bırakan canavar olarak ünü her yere yayılmış olsa da, Londra'daki Enternasyonal üyelerinin önünde bir tavus kuşu gibi kibirle dolaşıyordu. 'Barikatların ölümsüz kahramanları'na övgüler yağdırmaya başladı.
>
> Paris Komünü, devriminin yönetimini kendi eline aldığında, sıradan işçiler ilk kez kültürel üstünlüklerini elinde tutan ayrıcalıklı kesimin yönetimine karşı çıkmaya cesaret ettiğinde, eski dünya, Hotel De Ville'in üzerinde dalgalanan, işçi cumhuriyetinin sembolü olan kırmızı bayrağı görünce öfke nöbetleriyle kıvranıyordu. (Paris Belediye Binası)

Paris Komünü'nden öğrendiğimiz şeylerden biri, onun Fransız halkının çoğunluğunu hayal kırıklığına uğrattığıdır, ancak Masonlar ve İlluminati'nin yardımıyla İngiltere ve İsviçre'ye kaçan liderler, bunu Almanya, İspanya, Rusya ve İtalya'da Uluslararası Sosyalizmin yükselişinde bir dönüm noktası olarak gördüler. Londra'daki Karl Marx, Uluslararası Marksizmin merkezi haline geldi, ancak hemen yanında Engels ve Rothschildlar duruyordu.

Untold History'de, Rothschildların Frankfurt Masonlarının ajanları olduğu, bu Masonların Üstadı'nın ise Hesse Landgrafı olduğu ve Rothschildların onun maliyesini kontrol ettiği anlatılır. Bu noktada, sadece Almanya'nın değil, tüm Avrupa'nın kaderini şekillendirmede önemli bir rol oynadığı için Bismarck hakkında birkaç not düşmek yerinde olacaktır.

Yazar John Reeves'in *The Rothschilds* adlı eserine göre, Bismarck, Rothschildların sadece bir uşağı olarak görülüyordu ve yarı Yahudi'ydi.

British Museum'daki belgeler, Bismarck'ın biyolojik babasının Napolyon I'in gerçek "Waterloo"su olan Mareşal Soult olduğunu göstermektedir:

> "Bu, Mareşal Soult'un Bismarck'ın resmi babası olan sessiz Prusyalı küçük toprak sahibi değil, onun gerçek babası olduğunu kanıtlamıyor mu?"
>
> Napolyon, Rothschildlar tarafından devrildikten sonra, Rothschildlar yeni bir lidere ihtiyaç duydu ve Otto Bismarck'ı bu lider olarak yarattılar. Babası William, kökeni bilinmeyen bir burjuva olan Louise Menken [Menken ailesi Yahudiydi] ile evlendi. Onu kır evine götürdü; bu ev kısa süre sonra Napolyon'un Fransız birlikleri tarafından işgal edildi ve yakınlardaki bir şatoda Mareşal Soult karargahını kurdu.
>
> Louis, tecavüze uğrama tehlikesiyle karşı karşıyaydı; Soult'un şampanyası ve Asya kökenli ikna gücü, Louis'in kalbini, Alman kocasının birası ve ağır zekâsından daha fazla

> etkilemişti. Soult o zamandan beri Bayan Bismarck-Menken ve oğlu, geleceğin "Kan ve Demir Adamı"na aşırı bir ilgi göstermiştir. Soult, Fransa'daki en yüksek mevkileri işgal etti ve ölümüne kadar her Hıristiyan hükümdara ihanet etti. Bismarck'ın Berlin'deki Palma Enstitüsü'nde geçirdiği altı yıl, ona sadece pişmanlık dolu anılar bırakmıştı. (Cherep-Spiridovich, sayfa 108 — J. Hoche'ye atfedilen *The Hidden Hand*)

Aslında, Louise Bismarck-Menken'in kökeni bilinmeyen biri değildi. Onun atalarını, Amerikan Devrimi'ni başlatmak için tüm servetini General George Washington'a verdiği söylenen Haim Solomon'a kadar izledim. 9 Ocak 1925 tarihli New York Jewish Tribune gazetesi de Louise Menken'in Haim Solomon'un torunu olduğunu doğruladı.

Bazı araştırmacılar ve tarihçiler, Solomon'un Washington'a verdiği paranın kendisine ait olmadığını, Rothschild ailesinden geldiğini ve Solomon'un sadece bir aracı olduğunu şiddetle tartışmaktadır.

Onlar, tüm parasını Washington'a vermesine rağmen Haim'in lüks içinde yaşamaya devam ettiğine dikkat çekiyorlar. Bismarck'ın Rothschildlar tarafından nasıl kazanıldığına dair hikaye, Aralık 1812 tarihli Lord Beaconsfield Mektupları ve *Coningsby*'den bir araya getirilebilir:

> Lionel Rothschild, Disraeli'yi sık sık Paris'e götürür ve orada James Rothschild III ile tanıştırırdı. Prusya Bakanı Kont Arnim onları ziyaret ederdi. Lionel aracılığıyla Disraeli, onunla arkadaş oldu. Soult, Fransa Kabine Bakanıydı ve belki de oğlundan ya da metresinin oğlu, eski Menken-Bismarck'tan çok bahsediyordu. Böylece Rothschildlar , büyük bir ihtiyaç içindek 'de bulunan ve en azından yarı Yahudi olan genç Bismarck'ı ele geçirmeye karar verdiler; Bismarck, 1839'da bile mülkünü tehdit eden felaketle mücadele etmek zorunda kalmıştı. Ancak Rothschildlar, Soult ve Amim onu çoktan gözlemlemeye başlamışlardı ve hepsi de onu kullanmaya çalışıyordu. Hatta 1839'da

> Aachen'da Bismarck, Disraeli'nin "Kral katili hançere bereket" şiirinde olduğu gibi, isyankar bir tavır sergilemişti.
>
> Ancak James, Bismarck ve Disraeli'den, yüksek sosyeteye sızmak ve iktidarı ele geçirmek için o dönemde yükselişte olan 'aşırı muhafazakârlığı' sergilemelerini istedi. Bu nedenle Disraeli ve Bismarck, "kral katili hançerlere" yönelik övgülerden vazgeçip aşırı muhafazakar oldular. Her ikisine de "çok sıradan" olmaları emredildi. Prusya Bakanı ve Reichstag üyesi Arnim, 1844'te Bismarck'ın sevgili kız kardeşi Malvina ile evlendi ve Disraeli'ye göre Bismarck, Rothschildlar ile Arnim ve kız kardeşinin etkisi altına tamamen girdi.

Dolaylı olarak, Walter Rathenau'nun "dünyayı 300 adam yönetir" şeklindeki ifadesini öğreniyoruz (bkz. *Komplocuların Hiyerarşisi: 300'ler Komitesi*). Kırk yıl önce, Bismarck Rathenau'nun ifadesine katıldığını belirtmişti: Bu, Disraeli'nin şu sözleriyle tekrarlanmıştı

> "Dünya, perde arkasında olmayanların hayal ettiklerinden çok farklı şahsiyetler tarafından yönetiliyor."

Rathenau'nun ifadesinden kırk yıl önce, Bismarck hem Rathenau hem de Disraeli ile aynı fikirde olduğunu belirtmişti. (*Coningsby* ve Cherep-Spiridovich ile British Museum belgelerinden alıntı)

Gerici olarak görülen Bismarck, 1847'de Disraeli'nin örneğini izleyerek Liberallere karşı sahte şiddet göstererek Muhafazakarları yatıştırmaya çalıştı ve böylece Prusya Kralı'nın gözüne girdi. Bismarck'ın kontrolcüleri, büyük çaba ve manevralarla 1847'de onu Johanna Puttkamer ile evlendirmeyi başardılar.

Puttkamer, Bismarck'ın (muhtemelen Soult'tan miras kalan) korkunç öfkesini yatıştırma yeteneğine sahip olağanüstü bir kadındı. Kayıtlı babası, şiddetli patlamalara hiç eğilimli olmayan sakin bir adam olduğu için, aksi takdirde ani bir son bulacak olan Bismarck'ın kariyerini kurtardı. 1849'da yeni Kabine üyelerinin listesi IV. Frederick William'a sunulduğunda, Bismarck'ın adının üzerine kalın bir çizgi çekip şöyle yazdı:

> Ateşli bir gerici. Kan kokusunu sever.

1849'da Bismarck, Arnim ve Rothschild'in yardımıyla İkinci Prusya Meclisi'ne seçildi ve 1851'de Frankfurt am Main'daki Diet'e milletvekili olarak katıldı.

Kont Arnim de Bismarck'ı destekliyordu ve onu Prusya Bakanı Otto von Manteuffel'e tavsiye ederek üzerine düşeni yaptı. Profesör Langer, von Manteuffel'in tarihsel öneminin arka planını şöyle anlatıyor:

> 16 Mayıs 1850'de, bir dizi küçük devlet ve Avusturya, Frankfurt'ta bir araya gelerek eski Cermen Konfederasyonu Meclisi'ni yeniden kurdu. Prusya bu birliği ısrar ederse, Avusturya ile savaş kaçınılmaz görünüyordu. Bir temyizden kaynaklanan bir anlaşmazlık çıktığında... her iki güç de seferber oldu ve savaş kaçınılmaz görünüyordu.
>
> Prusya hükümdarının sahte liberalizminden rahatsız olan Rusya Çarı Nikolay, Avusturya'nın tarafını tuttu ve başından beri savaşa karşı olan Frederick William, aceleyle geri çekilmeye karar verdi. Müzakereler için yeni Bakanı Otto von Manteuffel'i gönderdi... (Profesör Langer, sayfa 726–727)
>
> Bismarck yaşlandığında bile gözleri şaşırtıcı gücünü hiç kaybetmedi. Doğası gereği zayıf ve duygusal olan her şeye hor bakardı ve hor gördüğü şeylerin arasına birkaç Hıristiyan erdemini de dahil etmişti. (Profesör F. M. Bowicke, *Bismarck and the German Empire,* sayfa 5)

Valbert tarafından 1880 yılında yayınlanan *La Revue des Deux Mondes* dergisinin 26. cildinin 203. sayfasında şunu okuyoruz: Yahudiler, Bismarck'ı bu şekilde sömürebilen tek halk idi; Sadowa'dan (1866'da Prusyalıların Avusturyalılar tarafından mağlup edildiği yer) sonra Bismarck tarafından Almanya'da getirilen tüm liberal reformlar, Yahudilerin yararına hizmet etti...

Gösterdiğimiz gibi, Rothschildlar kendilerini yerleştirdikleri tüm ulusların siyasetiyle özellikle ilgileniyorlardı. Örneğin, Viyana Kongresi'nde Rothschildlar hakimiyet kurmaya çalıştılar. Maria Olivia O'Grady'den şunu öğreniyoruz:

> ... Yahudiler, Viyana Kongresi'ne temsilciler gönderdiler ve burada rüşvet ve hediyelerle resmi delegeleri etkilemeye çalıştılar. Hatırlanacağı üzere, yaşlı Rothschild, Ren Konfederasyonu'nun başprensi Karl von Dalberg'den satın aldığı özel Yahudi ayrıcalığının, Kongre'nin hazırlaması beklenen yeni anayasalara dahil edilmediği takdirde kaybedilmesinden korkuyordu.
>
> Rothschild'ların özel elçileri olan Jacob Baruch (Ludwig Boerne'nin babası), G. G. Uffenheim ve J. J. Gumprecht, Metternich müdahale etmeseydi Viyana polisi tarafından şehirden kovulacaklardı.
>
> Yahudi temsilcilerin elbette Kongre'de resmi bir konumu yoktu. Kongre üyeleri üzerinde en önemli Yahudi etkisi, Kongre oturumlarına katılan önde gelen devlet adamlarını ve hükümdarları lüks salonlarında ağırlayan Yahudi kadınlardan geliyordu.
>
> Bu Yahudi kadınların en önde gelenleri Baroness Fanny von Arenstein, Madame von Eskeles, Rachel Levin von Varahagen, Madam Leopold Herz ve Duchess Mendelssohn von Schlegel idi. Yahudilerin Viyana Kongresi'nde başarabildikleri en iyi şey, "vatandaşların tüm görevlerini üstlenen" Yahudilere her zaman tam vatandaşlık hakları sunan bir dizi taslak öneriydi. Bu madde, aslında olağan yükümlülükler olmaksızın tüm vatandaşlık haklarını isteyen Yahudi "ulusunun" tüm kendine özgü taleplerini ve gereksinimlerini karşılamıyordu. (, *Viyana Kongresi*, sayfa 345, 346)

Baron James'in *The Rise of the French Rothschilds* (Fransız Rothschildların Yükselişi) adlı kitabının yazarı Anka Muhlstein, Viyana Kongresi'ndeki olaylara ve bunların Frankfurt üzerindeki etkisine farklı bir yorum getiriyor:

> Fransız orduları çekilir çekilmez, Alman yetkililer Yahudileri yerlerine oturtmak gibi acil bir sorunla uğraşmaya başladılar. Frankfurt'ta yasal olarak kazanılmış ve pahalıya mal olmuş haklar artık kaldırılmıştı. Yahudiler bir kez daha istenmeyen yabancılar gibi muamele gördüler.
>
> Onurlarının, özgürlüklerinin ve zaman zaman hayatlarının tehdit altında olduğunu fark eden Yahudiler, Viyana'daki ler Kongresi'nde düzenli olarak toplanan Büyük Güçlere başvurdu. Ancak argümanları ne kadar geçerli olursa olsun, çabaları boşunaydı. Bu durum, Almanya'daki Yahudilere geçmişte olduğu gibi gizli yollara başvurup koruma bulmaktan veya satın almaktan başka seçenek bırakmadı.
>
> Salomon, Yahudilerin kampanyasının başına geçti ve birdenbire Metternich'in danışmanı Gentz'in cüzdanı doldu. Bu, Avusturya'nın sürgün fermanlarının askıya alınmasına ve Metternich ile Avusturya Şansölyesi'nin Prusya'daki muadili Hardenberg'in açıklamalarına yol açtı. (*Baron James, The Rise of the French Rothschilds*, Anka Muhlstein, sayfa 68)

Muhlstein'a göre, Yahudiler Frankfurt'ta saldırıya uğradı ve şiddetli bir şekilde zulüm gördü. Salomon Rothschild Viyana'ya taşınmayı tercih etti, ancak Amschel Frankfurt'ta kaldı ve hükümete Rothschild kredilerine ne kadar ihtiyaç duyacaklarını hatırlattıktan sonra, Yahudilere yönelik şiddet azalmaya başladı.

BÖLÜM 12

Salomon Rothschild 'de finansal gücünü gösterir

Viyana'da Salomon'un ev satın almasına izin verilmedi, bu yüzden kendisi için lüks bir otelin tamamını kiraladı ve ardından Württemberg Kralı'na uzun yıllardır kullandığı daireyi reddetti.

Salomon'a diplomatik dokunulmazlık verildi ve kendisine "Baron" unvanı bahşedildi. Metternich daha sonra James ve Nathan'ı Konsolos olarak atadı; Salomon'un da belirttiği gibi, bu "bir Yahudi için düşünülemez bir onur"du:

> James temyiz başvurusunu yenilemedi. Metternich'in bariz gücü ve koruması, endişesini giderdi. Aslında, Şansölye sayesinde Rothschildlar diplomatik dokunulmazlık kazanacaktı.
>
> Onlara yararlı ve gurur verici bir unvan vermiş olan Metternich, şimdi çok daha fazlasını yapacaktı. Nathan ve James, ustaca müzakere edilmiş sayısız kredinin bedeli karşılığında, Londra ve Paris'te Avusturya'yı temsil etmek üzere kendilerini konsolos olarak atatma fikrini ortaya attılar. Bir Yahudi'nin diplomatik kadroya girmesi! Bu düşünülemezdi. Ancak, teklifin büyüklüğüne rağmen Metternich kabul etti.
>
> Sadece kötü niyetli kişiler, Rothschildların Şansölyeye verdikleri avantajlı kişisel kredilerle bu karar arasında bir bağlantı olduğunu şüphelenebilirdi. Tüm saray görevleri, özellikle de Avusturya ile ilgili olduğunda, yeni iş fırsatlarına

> yol açar. James Paris'e atanırsa, konsülün kral ile şahsen görüşmesine izin verileceği için, Tanrı'nın izniyle, Fransa'nın Avusturya'ya olan borcunun tasfiyesi ile ilgili her şeyi üstlenebilirdi . (*Souvenirs* Augustus de Fremilly, sayfa 232, 1908)
>
> Uluslararası kongrelerde nüfuzlarını kullanmaya çalışan güçlü Yahudilerin bir örneğini ortaya koymaya çalışırken, 1818'deki Aix la Chapelle Konferansı da davetsiz Yahudi temsilcilerle karşı karşıya kaldı. İngiliz bir din adamı olan Lewis Way, Yahudilerin sözcüsü olarak hareket etti ve Avrupa'da Yahudilerin özgürleştirilmesini savunan bir dilekçeyi Konferansa sundu. 1856 Paris Kongresi ve 1858 Paris Kongresi'ndeki Yahudi etkisi, her iki toplantının çalışmalarında da belirgindir. Bu iki konferansın hiçbirinde Yahudilerin resmi temsilci olarak yer almasına izin verilmiş gibi görünmemektedir. (Olivia Maria O' Grady)

Bu durum, o dönemde iktidarlarını elinde tutanlardan giderek daha fazlasını talep eden Rothschildlar'ın hoşuna gitmedi. Baron ve konsolos unvanlarını aldıktan sonra, artık iktidarlarının daha görünür işaretlerinin sergilenmesini istiyorlardı.

Onların "ayırt edilme arzusu", en hafif tabirle aşırıydı. Von Gentz'e, kendilerine madalya ve nişanlar verildiği haberini kamuoyuna duyurması ve bunu geniş çapta ilan etmesi talimatı verildi:

> "Salomon von Rothschild ve Paris'teki kardeşi, Rusya için müzakere ettikleri krediler nedeniyle Aziz Vladimir nişanını aldılar."

Von Gentz, önde gelen birçok Alman gazetesine mektup yazdı. Bu haberi yayınlamanız iyi olur. Saint Vladimir yerine Vladimir yazın. 1830 yılında Kont von Neipberg'e yazdığı bir mektupta Metternich, Rothschild'ların kibirini özel olarak eleştirdi:

> Rothschildlar küçük bir Saint George istiyorlar. Ne kibir ama. Milyonlarca servetlerine ve cömert sadakatlerine rağmen,

> Rothschildlar onur ve ayrıcalıklara şaşırtıcı bir iştahla yaklaşıyorlar. (British Museum Belgeleri)

Nişanların Hıristiyan dini niteliği, Rothschildların bunları elde edebilmelerini daha da olağanüstü kılıyordu ve Metternich ile Bismarck üzerinde sahip oldukları gücü gösteriyordu; özellikle de Metternich'in, Hıristiyan olmadıkları için belirli nişanları almaya hakları olmadığı gerekçesiyle Rothschildların taleplerine itiraz etmeye başladığı bilindiği halde, özel onur taleplerinin akını durmamıştı. 1867'de James'in en büyük oğlu Alphonse, Londra'daki kuzenlerine şöyle yazdı:

> Bismarck'ın (Londra'ya) ziyaretinin en dikkat çekici sonucu, nişanların dağıtılması oldu. Babam, en yüksek ve en seçkin nişan olan Kızıl Kartal Büyük Şeridi'ni aldı. Prusya'da hiçbir Yahudi bu nişanı almamıştı. (*Gold and Iron,* Fritz Stern, sayfa 1150)

O'Grady'nin çalışmasına devam ederek, Yahudilerin hiçbir söz hakkı olmadığı dünya kongrelerinde gayri resmi ama güçlü temsil temasına değinen yazar, Yahudiler adına yapılan Amerikan çabalarına atıfta bulunur:

> Amerikan Yahudileri, Amerika Birleşik Devletleri'ni, 1913 Bükreş Barış Konferansı'nda "tam ve eşit haklar" talebini dile getirmeye ikna etti; ancak Amerika Birleşik Devletleri, konferansta resmi olarak temsil edilmiyordu.

Ekim 1913'te, Anglo-Yahudi Derneği, Sir Edward Grey'e ortak bir dilekçe sunarak, Yahudiler için yeni olumlu garantilerin sağlanmasını talep etti ve Romanya'nın benzer güvenceleri defalarca görmezden geldiğini ve reddettiğini belirtti.

> ABD Dışişleri Bakanı Elihu Root, Başkan Theodore Roosevelt'in talimatıyla, 1906 Cezayir Konferansı'nda ABD'yi temsil eden Büyükelçi White'a, konferansta Fas'ta dini ve ırksal hoşgörü garantilerinin dikkate alınmasını ısrarla talep etmesi yönünde kesin talimatlar vermişti.

> Barış Konferansı'nda dünya Yahudilerinin çalışmaları, 'in Versay Antlaşması ile Polonya'ya dayattığı hükümlerden daha iyi bir şekilde gösterilemez. Acımasız bir fatih bile daha sert olamazdı. Polonyalı temsilciler 28 Haziran 1919'da Azınlık Antlaşması'nı imzalayarak, Polonya'yı egemenliği bölmeye ve üstün ve ayrıcalıklı bir vatandaş sınıfı oluşturmaya mecbur bıraktılar. (Olivia Maria O'Grady, sayfa 344–347)

Tarih boyunca, çoğu ülkedeki sıradan insanın, geçimini sağlamak, bir aile yetiştirmek ve bu hedefleri mümkün kılan bir işi sürdürmekten öteye düşünmek için çok az ya da hiç vakti olmadığı, dolayısıyla hayatlarını ve uluslarını etkileyen siyaset, ekonomi veya savaş ve barış gibi diğer hayati meselelerle ilgilenmek için çok az ya da hiç vakti kalmadığı sık sık dile getirilmiştir.

Yine de, belirli gruplar bu tür kısıtlamalardan muaf gibi görünüyordu; önemli konuların nerede ve kimler tarafından karara bağlanacağını her zaman biliyor gibi görünüyorlardı ve tüm siyasi ve ekonomik gelişmelerden haberdar olmalarını sağlayan dünya çapında bir ağa sahip gibi görünüyorlardı. Son derece organize ve sesini duyuran bu gruplar, yerel vatandaşlara karşı her zaman üstünlük sağlıyordu.

Cherep-Spiridovich'in yazdığı *The Hidden Hand (Gizli El)* kitabına ve yazar Olivia Maria O'Grady'nin kapsamlı çalışmasına göre, bu tür son derece etkili gruplar her zaman Yahudi ya da Yahudilerin hakimiyetinde ve kontrolündeydi.

Her iki yazar da iddialarını kanıtlamak için çok sayıda ve kapsamlı örnekler vermektedir; belki de en ikna edici iki örnek, 1919 Paris Barış Konferansı ve İsrail Devleti'nin kurulmasıdır. Olivia Maria O'Grady'nin anlatımına devam edelim:

> 1919'un şafağında Paris, kelimenin tam anlamıyla dünyanın dört bir yanından gelen Yahudilerle dolup taştı; zengin Yahudiler, fakir Yahudiler, Ortodoks Yahudiler, Sosyalist Yahudiler, finansçılar ve devrimciler, Fransız başkentine

akın ettiler ve işe koyuldular.

Comité de Délégation Juives auprès de la Conférence de la Paix (Barış Konferansı Yahudi Delegasyonları Komitesi) 25 Mart 1919'da tam olarak kurulmuştu. Ayrıca, Dünya Siyonist Örgütü ve B'nai B'rith delegeleri de Komite üyeliğine dahil edildi ve on milyon Yahudi adına konuşacaklarını iddia ettiler.

Woodrow Wilson, Georges Clemenceau ve diğer uluslararası şahsiyetler, bu Uluslararası Yahudilerin elinde oyuncağı gibiydi. Bir dünya süper devleti fikri uzun zamandır Yahudilerin hayali olsa da, Wilson'ın bunu kendi özel yaratımı olarak görme kibirine, Yahudi heyeti ve onların kontrolündeki dünya basını her yönden boyun eğdi ve onu övdü. Bir Yahudi tarihçi, bariz bir memnuniyetle şöyle yazıyor: "Ulusal kendi kaderini tayin etme ve homojenlik ilkelerinin aşırıya kaçmasına izin verilmedi."

Versay Antlaşması'nın nihai metninde Yahudi heyetinin inceliği açıkça görülmektedir. Hıristiyan dünyasındaki egemenliğin yok edilmesinin temelleri, Comité de Délégation Juives'in arkasındaki beyin tarafından iyi bir şekilde atılmıştı. Mutlak egemenlik kısıtlandı. İkinci Dünya Savaşı'nın temeli olarak, "yeni ve genişletilmiş devletler", "müttefik ve ortak güçlerle yapılacak bir antlaşmada, söz konusu güçlerin ırk, dil veya din bakımından nüfusun çoğunluğundan farklı olan sakinleri korumak için gerekli görülebilecek hükümleri benimseme yükümlülüğünü üstlenmeye" zorlandı.

Paris Barış Konferansı'na katılan Yahudi delegeler arasında, daha sonra Rusya'daki Bolşevik Devrimi'ni finanse eden Wall Street bankacılarından biri olacak olan Jacob Schiff de vardı. Yahudilerin en büyük zaferi, "iç grup haklarını" Milletler Cemiyeti'nin uluslararası garantisi ve yargı yetkisi altına alan hükümdü; bunların hiçbiri "dünyayı demokrasi için güvenli hale getirmek"le ilgilenmiyordu. (Wilson'ın niyet beyanı, Olivia Maria O'Grady)

Wilson, Milletler Cemiyeti'nin niyet ve amacına kanmış olabilir, ancak uyanık bir grup ABD senatörü kanmamıştı. Onlar, Milletler Cemiyeti'ni tam olarak ne olduğu gibi gördüler; ABD'nin egemenliğini, Anayasa'yı ( ) ve Haklar Bildirgesi'ni yok etme girişimi olarak gördüler ve anlaşma onay için ABD Senatosu'na sunulduğunda bunu reddettiler.

Senato'daki muhalefeti, sınırsız vatanseverliğe sahip Senatörler Hiram Johnson ve William E. Borah yönetiyordu. Antlaşma 11 Kasım 1919'da reddedildi.

İngiltere Başbakanı Lloyd George da Versay Antlaşması'nın uluslara dayattığı kısıtlamaların tehlikelerini gördü. 1919'da, Konferans toplantılarının bir hafta sonu molası sırasında endişelerini kağıda döktü:

> Uluslar, tüm güçlerini ortaya koydukları, yorgun, kan kaybeden ve yıkılmış halde bıraktıkları savaşlardan bitkin düştüklerinde, savaşın dehşetini yaşayan nesil ortadan kalkana kadar sürecek bir barışı düzeltmek zor değildir... Bu nedenle, otuz yıl sürecek bir barışı düzeltmek nispeten kolaydır. Ancak zor olan, savaşın pratik deneyimini yaşamış olanlar vefat ettikten sonra yeni bir mücadeleyi tetiklemeyecek bir barış taslağı hazırlamaktır...
>
> Almanya'nın kolonilerini elinden alabilir, silahlarını sadece bir polis gücü düzeyine indirgeyebilir ve donanmasını beşinci sınıf bir gücün seviyesine düşürebilirsiniz; yine de, sonunda 1919 barışında haksız muamele gördüğünü hissederse, fatihlerinden intikam almanın yollarını bulacaktır.
>
> Dört yıl süren açıklanamayan katliamın insan kalplerinde bıraktığı derin izler, Büyük Savaş'ın korkunç kılıcıyla damgalanmış kalplerle birlikte yok olacaktır. Barışın sürdürülmesi, o zaman vatanseverlik, adalet ve adil oyun ruhunu sürekli kışkırtan hiçbir öfke nedeninin olmamasına bağlı olacaktır... Lloyd George, Almanya için adaletin sağlanması için cesur bir çaba sarf etmesine rağmen, denemediği için değil, kendisine karşı dizilmiş, Fransa'dan

Georges Clemenceau'nun acımasız ve vahşice çirkin davranışları, tutumları ve talepleriyle karakterize edilen, uzlaşmaz enternasyonalizm güçleri yüzünden başarısız oldu.

Lloyd George'un ileri görüşlü olduğu, 1919 yılının Mart ayında Fontainebleau'da yazdığı neredeyse kehanet niteliğindeki sözlerinden anlaşılabilir. Lloyd George, 18·yüzyıldan beri güç toplayan devrimci güçler tarafından yenilgiye uğratıldı. İyi organize olmuş ve finansal olarak güçlü olan bu güçler, neredeyse durdurulamazdı. Bir bakıma Lloyd George, kontrolcüsünün varlığı nedeniyle engellenmişti. Sir Philip, A. G. D. Sassoon, Bart, evlilik ve kan bağı yoluyla Rothschild ailesiyle akrabaydı. İngiliz Kraliyet Danışma Konseyi üyesi olan Sassoon, konferans katılımcılarının gizli görüşmelerine katılabiliyordu.

Versay'daki Fransız politikasını ve sonrasını ayrıntılı olarak anlatan 17 Mayıs 1940 tarihli TIME dergisi, Rothschild sansürünün nadir bir hatası sonucu bunu da doğruladı:

> Başbakan Reynaud, hayati öneme sahip İçişleri Bakanlığı'na, o zamana kadar Koloniler Bakanı olan 54 yaşındaki enerjik Georges Mandel'i atadı. Bu, keskin burunlu, tıknaz, küçük Clemencist için yeni bir görev değildi; son savaş sırasında "Kaplan"ın kabine şefi olarak ülkenin iç işlerini yürütmüş ve sivil moralini yüksek tutmuştu.
>
> Jeroboam Rothschild olarak dünyaya gelen Mandel, sık sık Fransa'nın Disraeli'si olarak anılmıştır; politikacıların ülkesinde bir süper politikacı olan Mandel, son zamanlarda Koloniler (ve Posta) Bakanlığı'nda, kendisini Clemenceau için vazgeçilmez kılan azmini ve idari yeteneğini hiç kaybetmediğini göstermiştir...

British Museum'da yaptığım araştırmalardan, Paris Barış Konferansı'nın ve ardından gelen Versay Antlaşması'nın başarısının, tüm ulusların egemenliğini gasp edecek ve Filistin'i Siyonistlere verecek Tek Dünya Hükümeti'ni kurmak için yapılan ilk organize girişim olan Milletler Cemiyeti'nin evrensel olarak kabul edilmesine bağlı olduğu açıktır.

Bu görüş, Wilson'ın 1919 Ocak ayında Paris'e vardığında söylediği sözlerle de doğrulanmaktadır:

> Milletler Cemiyeti, toplantımızın ana konusudur.

Bilindiği üzere Wilson, Rothschildların hizmetkarı olan Mandel House tarafından baştan sona eğitilmiş ve talimatlandırılmıştı ve emirlere uymak zorunda olduğunu biliyordu. British Museum'da Lloyd George'un belgelerini incelerken, İngiliz Başbakanı'nın Wilson'a karşı iyi bir mücadele verdiği, ancak bunun bir sonuç vermediği benim için açıkça ortaya çıktı. Lloyd George'un şiddetli itirazlarına rağmen Wilson, gündemin ilk maddesinin Milletler Cemiyeti'nin kurulmasına yönelik öneriler olması gerektiği konusunda ısrar etti.

British Museum'da Milletler Cemiyeti üzerine aylarca araştırma yaptım ve Wilson'ın, gündemiyle ilgili olarak Lord Rothschild'tan Mandel House aracılığıyla dolaylı olarak aldığı talimatlarla Paris'e gittiğini keşfettim.

Wilson, Princeton Üniversitesi'nde profesörken, öğrenci kulüplerini yasaklayarak "snobluk" olarak adlandırdığı şeyi ortadan kaldırmaya çalışmış ve bu sayede Mandel House aracılığıyla Rothschild ailesinin sevgisini kazanmıştı. Başarılı olamadı, ancak sosyalist inançlarının bu çok erken göstergesi House'un dikkatini çekti ve sonunda ona New Jersey Eyaleti Valiliği ve nihayetinde Amerika Birleşik Devletleri Başkanlığı görevini kazandırdı. Cumhuriyetçi Parti Ulusal Komitesi Başkanı Will Hayes, Wilson hakkında şunları söyledi:

> O, kendisine ne tür sosyalist doktrinler, ne tür sınırsız devlet mülkiyeti fikirleri, ne tür belirsiz hevesler gelirse gelsin, engellenmeden dünyayı yeniden inşa etmek istiyor.

Wilson'ın başkanlığı üzerine yaptığım araştırma, Hayes'in doğru yolda olduğunu, ancak Wilson'ın gündemini yönlendiren kişiler hakkınd i hiçbir şey bilmesinin mümkün olmadığını gösteriyor. Mandell House aracılığıyla Londra'dan sürekli aldığı net talimatlarda belirsiz hiçbir şey yoktu. Londra'dan gelen bu talimatlardan biri, Wilson'ın On Dört Maddesi ile ilgiliydi. Aslında, Paris Barış Konferansı'nda sunacağı On Dört Madde, Rothschildlar ve Yargıç Brandeis tarafından yazılmıştı ve Bernard Baruch'un gözetiminde, Konferans'ta kendi adı altında kullanması emriyle Wilson'a iletilmişti.

İkinci talimatlar dizisi, yani Milletler Cemiyeti talimatları da Wilson'ın eseri olarak sunuldu. I. Dünya Savaşı'nın başında yaptığı, Amerika'nın "Alman halkıyla değil, yönetici sınıfla" savaştığına dair konuşması, tamamen House'un retoriğiydi. Olivia Maria O'Grady'den alıntılara devam edelim:

> Yahudi finans kardeşliği tarafından kuşatılmış, sinister Albay House tarafından oraya buraya itilip kakılan ve Siyonist Brandeis'in danışmanlığını alan Başkan Wilson, kendini tüm tarihin büyük "barış yapıcı"sı olarak hayal ediyordu. O, tarih hakkında hiçbir şey bilmediğini kanıtlayan bir tarihçiydi.
>
> Kendi özel amaçları için onu kullanan Yahudilerin elinde, bu ülkeyi [Amerika Birleşik Devletleri] felaketle sonuçlanan bir savaşa sürükledi ve nihayetinde Amerika'yı yok etmeyi amaçlayan bir dizi olayı başlattı.
>
> Onu kendi iradelerine boyun eğdirenler tarafından övülen ve yüceltilen Wilson, kendini Tanrı rolünü oynuyormuş, dünyayı ve insanları kendi suretinde yeniden yaratıyormuş gibi hayal etti. Amerikan halkının çıkarlarını korumak ve ilerletmek için yüksek makamına yemin eden Wilson, birdenbire dünyayı kurtarmak için bir görev aldığını sanmaya başladı.
>
> "Zafer olmadan barış" çağrısında bulundu ve Amerika Birleşik Devletleri'ni "savaşı sona erdirmek" ve "dünyayı demokrasi için güvenli hale getirmek" amacıyla bir "savaşa" sürüklediğini ilan etti. O günden bu yana tarih, onun ikiyüzlü söylemlerinin saçmalığını vurgulamaya devam ediyor.

> Barış ve zafer 11 Kasım 1918'de geldi ve Wilson, her ikisini de kaybettiği Paris'e koştu. (Olivia Maria O'Grady)

Bu, sonuçta danışmanları tarafından kuşatılmış ve sınırlandırılmış olan Wilson için belki biraz haksızlık olabilir:

> Artık, bugünkü savaşın (II. Dünya Savaşı) kaynağı olan bu hain ve suçlu barış antlaşmasını doğru bir şekilde değerlendirebiliriz.
>
> On Dört Madde vaadiyle Alman hükümetine ihanet eden Wilson değildi, ne de Arapları savaşa sokmak için onlara yalan söyleyen Lloyd George; —bunu yapanlar Jeroboam Rothschild, Sir Philip Sassoon ve Bernard Baruch'tu. Wilson, Lloyd George ve Clemenceau, karşı çıkmaya cesaret edemedikleri bir güce itaat ettikleri ölçüde suçludurlar. Rothschild ailesinin para gücünü temsil eden bu üç Yahudi, rezil barış antlaşmasının temel hükümlerini belirlediler.
>
> Uluslararası Çalışma Kurulu'nu kurdular; Tazminat Komisyonu ve Brüksel Mali Konferansı için hükümler koydular; Filistin'i Yahudilere verdiler; bizim üyeliğimiz olmadan Milletler Cemiyeti ve Dünya Mahkemesi'ni kurdular.
>
> Onların dünya hükümeti için kurdukları bu görkemli ve ayrıntılı makinenin tamamlanmasını engelleyen, bizim katılmayı reddetmemizdi. (*Rothschild Para Tröstü*, sayfa 67, 68)

Bu anlatımda Albay House'un adı geçmese de, konferansta Baruch'tan daha fazla Rothschild'ların çıkarlarını ABD'de temsil eden kişi House'du. *Rothschild Para Tröstü'nden* devam edelim:

> Bu üç Yahudi, Başkan Wilson'ın On Dört Maddesi'nin terk edilmesinden ve Almanya'nın silahlarını bırakmasına neden olan vaatlerin alenen ihlal edilmesinden sorumludur. Başkan Wilson'ın taahhütlerine uyulmuş olsaydı, İkinci Dünya

Savaşı yaşanmazdı. Belki de Milletler Cemiyeti'ne katılmış olsaydık, savaş yaşanmazdı; çünkü o zaman bizi demir yumrukla yönetecek 'Despot Kral'ın tebaası olurduk...

Jeroboam Rothschild (Mandel), Reynaud kabinesinin bir üyesiydi ve Fransa, İngiliz İmparatorluğu'na katılmayı reddedip teslim olmaya karar verdiğinde, onunla birlikte istifa etti ve kaçtı. Basına göre, Fransız halkı artık savaş çığırtkanlarının kurbanı olduklarını fark ediyor gibi görünüyor...

Milletler Cemiyeti planı Başkan Wilson'a ait bir fikir değildi. O böyle bir iddiada bulunmamıştı. Planın tam olarak nereden çıktığı bilinmemekle birlikte, Yahudiler bunun kendilerine ait olduğunu iddia ediyorlar. Bu şüphesiz onların eseri; zira plan, onların kurnazlığının tüm izlerini taşıyor... Londra'daki Daily Mail gazetesi bu plan hakkında, "tarihin bugüne kadar işlediği en ayrıntılı aldatmaca" olduğunu yazmıştı.

Almanya ile bir barış antlaşması yazma bahanesiyle düzenlenen bu barış konferansı, Filistin'i Yahudiler için bir vatan olarak kurdu ve İngiliz Hükümeti'ne bu ülkenin yönetimi için bir yetki verdi. Yahudiler o zamandan beri Araplarla savaş halindedir ve durum o kadar dayanılmaz hale gelmiştir ki, İngiliz Hükümeti ülkeyi Yahudiler ve Araplar arasında bölüşmek ve sorumluluğunu devretmek istemiştir, ki bu ne Yahudileri ne de Arapları memnun etmiştir.

Amerika halkı bir süper hükümet istemiyor ya da Roma papası ya da Siyon soyundan gelen bir despot tarafından yönetilmek istemiyor. Cumhuriyetçiler, on iki inatçı demokratın yardımıyla Milletler Cemiyeti projesini çok az bir farkla yenilgiye uğrattığında, bundan zar zor kurtulduk; çünkü Milletler Cemiyeti tam da bunu amaçlıyordu. (Olivia Maria O'Grady, sayfa 68, 69 ve 85)

O'Grady tarafından uygun bir mezar yazıt (ve belki de dünyaya yönelik korkunç bir uyarı) yazıldı:

1938'in sonunda Milletler Cemiyeti'nin çöküşü neredeyse tamamlanmıştı. Üyelerini oluşturan altmış iki ülkeden sadece kırk dokuzu kalmıştı. 1940'ın sonunda varlığı sona ermişti.

Öncüllerinin izinden gitmişti: Kutsal İttifak (Rothschildlar-yazar tarafından çok korkulan), Avrupa Konseri ve Daimi Tahkim Mahkemesi.

Başarısız olmuştu çünkü Amerika Birleşik Devletleri katılmayı reddetmişti ve insanlık henüz sıradanlığın ortak paydasına indirgenmemişti.

"Anne", "vatan", "bayrak", "cennet" ve "Tanrı ve Vatan" kavramları hâlâ insanların zihinlerinde ve kalplerinde derin kökler salmıştı. Bu tür "gerici burjuva" kavramlarının insanların göğsünden silinmesi için bir savaş, belki de bir tane daha gerekli olacaktı.

Mayer Amchel Rothschild

Rothschild ailesinin evi
Judenstrasse'de bulunan Rothschild ailesinin evi.

Gutte Schnapper Rothschild

Jacob James Rothschild

Lionel Rothschild

Milyarlarca dolarlık bir serveti kontrol eden Rothschild'ların en ünlü oğulları. Salomon, Nathan ve Karl Rothschild

Manoir de Waddesdon (Konak), Rothschild ailesinin İngiltere'deki kır evi

Jacob James Rothschild'in Château de Ferrières'i

Napolyon Bonapart ve Arthur Wellesley (Wellington Dükü)

Mareşal Soult ve General Blücher

BÖLÜM 13

Milletler Cemiyeti: Tek bir dünya hükümeti kurma girişimi

Milletler Cemiyeti'nin en şaşırtıcı yönlerinden biri, Amerika Birleşik Devletleri'nin bunu kabul etmesi için gösterilen büyük çaba ve bu amaçla harcanan olağanüstü emek ve gayretlerdi. Wilson, anlaşmanın olduğu gibi, tartışma, değişiklik veya düzeltme yapılmaksızın onaylanmasını talep etti.

Amerika'daki Rothschild ajanları tarafından, kendilerinden beklenen her şeyi kabul etmeye yeterince hazır olduğu değerlendirilen Amerikan halkı, 1915 yılında kapalı kapılar ardında varılan gizli anlaşmaları kabul etti. Rothschildlar, işlerin böyle yürümesine alışkındı. Durum her zaman "bizim isteğimiz yerine getirilsin" ya da aksi takdirde başınıza bir sürü bela açılsın şeklindeydi.

22 Eylül 1919'da, Amerikalı bir Fabianist olan Profesör I. Shotwell, Senato'dan anlaşmayı gecikmeden onaylamasını talep etti ve Dünya Kiliseler Konseyi Genel Sekreteri Charles McParland da bu talebi destekledi!

Bunu, Uluslararası Sosyalizmin Amerika Birleşik Devletleri'nde ne kadar kök salmış olduğunu göstermek için anlatıyorum.

O zamanlar bile Siyonizm kilit liderdi. Amerika'daki Siyonist hareketle ilgili olarak, Walter Laqueur'un *Siyonizm Tarihi adlı* kitabında ilginç bir anlatım vardır:

> Amerika'daki Siyonist örgüt ancak 1917'de kuruldu...

> Ancak Doğu Avrupa'daki olaylara rağmen... hareketin etkisi Amerikan yaşamında neredeyse hiç fark edilmedi. Ne de olsa Avrupa çok uzaktaydı ve Amerikan Yahudilerinin durumu ve geleceği endişe verici değildi. Hareket temelde "Doğu Yakası" karakterindeydi. Parası, prestiji ve siyasi etkisi yoktu. Öte yandan, liderleri, Haham Stephen Wise gibi asimile olmuş Yahudilerdi... Dönüm noktası, Avrupa'daki savaşın ilk yıllarında, Brandeis'in lideri olmasıyla geldi. Brandeis, en saygın Amerikan avukatlarından biriydi ve daha sonra Yüksek Mahkeme yargıcı oldu. Onu, 1901'de Amerika'ya yerleşmiş olan, İngiliz Siyonist ve Herzl'in yakın arkadaşı Jacob de Haas ikna etmişti.
>
> Diğer Siyonist liderlerin ifadesiyle Brandeis, Yahudi yaşamının hiçbir biçimiyle ilgisi yoktu, Yahudi edebiyatını okumamış ve geleneklerine aşina değildi; Yahudi halkını yeniden keşfetmesi gerekiyordu. Ancak hayal gücü Siyonist ideal tarafından ele geçirildiğinde, zamanının ve enerjisinin çoğunu bu harekete adadı; 1914'ten Yüksek Mahkeme'ye atanana kadar bu hareketin başkanlığını yaptı. Siyonizmi siyasi bir güç haline getiren, tek bir olaydan çok, Louis Brandeis'in bu hareketle özdeşleşmesiydi. Siyonist olmak birdenbire saygın bir şey haline gelmişti. (Sayfa 160, 161)

Laqueur'un kitabından alınan bu alıntıda bazı çok önemli ifadeler bulunmaktadır.

> 1. Siyonizm, Amerikan Yahudilerinin büyük çoğunluğunu ilgilendiren bir konu değildi.
>
> 2. Amerikan Yahudilerinin büyük çoğunluğu Avrupa'daki savaşla pek ilgilenmiyordu.
>
> 3. Brandeis, "dindar" bir Yahudi'nin genel kabul gören anlamıyla hiçbir şekilde dindar bir Yahudi değildi.
>
> 4. Brandeis katılmadan önce Siyonist hareket, temelde Doğu Yakası'ndaki Bolşevik, dindar olmayan Yahudilerin sosyalist hareketiydi; bunlar, Troçki'nin Hıristiyan Rusya'yı devirme misyonu için işe aldığı kişilerle, başka bir deyişle, Siyonist

Yahudilerle aynı kişilerdi.

5. Brandeis onların dikkatini çekene kadar, Amerikan Yahudilerinin çoğu İsrail'e göç etmekle ilgilenmiyordu. Görünüşe göre Filistin'i bir "vatan" olarak görmüyorlardı, en azından Siyonist bir devletin siyasi anlamında, çünkü dinleri Mesih'in dönüşüne kadar Yahudi devleti olamayacağını öğretiyordu.

Adil olmak ve Yahudilere zarar vermek istememek adına, ayrıca tamamen objektif olmak adına, Brandeis'in tarihine dair binlerce sayfayı araştırdım, ancak onun Yahudi dinini yeniden keşfettiğine dair hiçbir kanıt bulamadım. Brandeis'in dindar bir Yahudi olduğuna dair hiçbir kanıt bulamadım. Ortaya çıkan şey, De Haas'ın Brandeis'i aktif Siyonizme dönüştürdüğüydü; bu, dini değil siyasi bir harekettir ve Brandeis, bu siyasi harekette Aziz Paul'un Hıristiyanlığa dönüşmesinden daha fazla bir dönüşüm geçirdi.

Brandeis, daha sonra, tamamen siyasi ve dindar olmayan Yahudilerden oluşan bir kuruluş olan Dünya Siyonistler Federasyonu'nun geçici başkanı oldu.

Rothschildların her aşamada katıldığı belki de en iyi bilinen tarihi olay, genel olarak Filistin topraklarında İsrail Devleti'nin başlangıcı olarak kabul edilen ve Siyonistlerin son yüz yıldır gerçekleştirmek için çalıştıkları sözde "Balfour Deklarasyonu" idi. Ancak 1914 yılına gelindiğinde, hedeflerine doğru hiçbir ilerleme kaydetmemişlerdi, en azından kayda değer bir ilerleme. Siyonizm, Filistin'de bir Yahudi Devleti kurma yönündeki sıkça dile getirilen hedefine, Herzl'in 1897'de olduğu kadar yaklaşamamıştı. Kongre Kayıtları ve British Museum'daki belgelere, ayrıca Londra'daki Amerikan Büyükelçisi Robert Lansing'in Savaş Anıları'na ve Ramsey McDonald'ın yazdıklarına göre, Birinci Dünya Savaşı, Filistin'de bir Siyonist devlet kurma yönündeki Herzl'in hayalini ilerletmek için altın bir fırsat sunmuştu. Lansing, 1915'te Amerika'nın I. Dünya Savaşı'na girmesini zorladı ve Rothschildlar adına hareket eden

House, Wilson'a baskı uygulayarak ona katıldı. Wilson üzerindeki baskılar çok büyüktü ve Amerika Birleşik Devletleri ( ), Amerikan halkının yüzde 87'sinin isteğine aykırı olarak Avrupa'daki savaşa girdi.

Yerleşik tarihçiler her zaman, Yahudilerin büyük çoğunluğunun Filistin'de bir "Yahudiler için vatan" kurulmasını desteklediği izlenimini vermişlerdir. Yoğun araştırmalarım sonucunda, bunun büyük ölçüde bir propaganda çalışması olduğunu gördüm.

Aslında, Rusya ve İngiltere'de, Mesih'in dönüşünden önce böyle bir vatan kurulamayacağına inanan dindar Yahudiler arasında bu fikre karşı azımsanmayacak bir muhalefet vardı.

Dindar Yahudilerin tutumunu yumuşatmak için Weisman, 20 Mayıs 1917'de Londra'da bir konuşma yaptı ve bu konuşmada, İngiliz hükümetinin Filistin için Siyonist planları desteklemeye hazır olduğunu bildiğini iddia etti.

Elbette resmi olarak böyle bir iddiada bulunma yetkisi yoktu, ancak Lord Rothschild'in gücü ve prestijinin büyük olasılıkla galip geleceğini bildiği için, yine de bunu yaptı. Ünlü Montefiore Yahudi hanedanından Claude Montefiore'nin önderliğindeki anti-Siyonist dindar Yahudi muhalefeti, özellikle Weizman'ın dindar Yahudileri "küçük bir azınlık" olarak nitelendirmesi nedeniyle son derece öfkelendi.

A History of Zionism (Siyonizm Tarihi) kitabına göre, İngiliz Temsilciler Kurulu başkanları Montefiore ve David Alexander tarafından imzalanmış bir mektup, 24 Mayıs 1917 tarihinde "*Filistin ve Siyonizm, İngiliz Yahudilerinin Görüşleri*" başlığı altında *Londra Times* gazetesinde yayınlandı:

> Onlar, genel olarak kabul edilmesi halinde Yahudileri her yerde bir çağdışı olgu olarak damgalayacak olan Siyonist "vatanı olmayan millet" teorisine karşı itirazlarını yinelediler; din, tek kesin kriter olarak gösterildi. İmza sahipleri ayrıca, Filistin'deki Yahudi yerleşimcilerin, siyasi

> ayrıcalıklar veya ekonomik tercihler şeklinde özel haklar elde etmelerinin bir felaket olacağını söylediler. Bu, herkes için eşit haklar ilkesine aykırıydı. Bu, Yahudilerin eşit haklar elde ettikleri her yerde onları tehlikeye atacak ve Filistinli Yahudileri diğer ırklardan komşularıyla en acımasız çekişmelere sürükleyecekti. (Sayfa 193, 194)

Dindar, Siyonist olmayan Yahudilerin görüşlerindeki bilgelik ve öngörü, bugün bile kargaşa içinde olan Filistin'i saran trajik olaylarda yansıma bulmuştur. Yıllar sonra, bu görüşler dini bir Yahudi örgütü olan Kudüs Dostları (Naturei Karta) tarafından da yinelendi. *New York Times*'ta yayınlanan 12 tam sayfa reklam dizisinde, İsrail Devleti'ni dini Yahudilere ve Tevrat'a tamamen açık bir şekilde itaatsizlik ederek kurulmuş gayrimeşru bir devlet ve Ortodoks Yahudiler için bir felaket olarak kınadılar.

BÖLÜM 14

İngiliz hükümetinin ihaneti, Arapları ve Arabistanlı Lawrence'ı ele verdi

Arabistanlı Lawrence'ın ihanetini içeren bir dizi hile ve İngilizlerle Fransızlar arasındaki gizli anlaşmalar (Sykes-Picot Anlaşması) sayesinde, iki hükümet savaşın sonunda Arap topraklarını aralarında bölüşmeye karar verdi. Bu olağanüstü bir şey mi? Evet, öyleydi ve ancak Rothschildların desteğiyle yapılabilirdi. Bu aldatmacalardan biri, Siyonist lider Sokolow'un, başka bir Siyonist olan Sacher'i, Filistin'in bir Yahudi devleti olarak yeniden kurulmasının temel savaş hedeflerinden biri olduğunu belirten Balfour'a hitaben bir taslak hazırlaması için görevlendirdiği mektupla ilgiliydi. Fikrini değiştiren Sokolow, bunun çok iddialı olduğunu düşündü:

> "Çok şey istersek hiçbir şey elde edemeyiz," bu görüşü Lord Rothschild de açıkça paylaşıyordu. Ancak, Dışişleri Bakanlığı'nın Yahudi zulmünün kurbanları için "sığınak", "barınak" ve "kutsal alan" gibi terimler kullandığı kendi taslağını yayınladığında dehşete düştüler. Tabii ki bu, Siyonistler tarafından reddedildi; onlar, Filistin'in Yahudi halkının ulusal vatanı olarak tanınması ilkesi onaylanmadıkça bildirgenin hiçbir değeri olmayacağını ısrarla savundular. Sonunda, 18 Temmuz'da Rothschild, Balfour'a bir uzlaşma metni sundu. Bu metinde Yahudi devletinden değil, ulusal vatanından bahsediliyordu.
>
> (*Siyonizm Tarihi,* sayfa 195–196 Sokolow, *Geschite des Zionismus*, British Museum Papers)

Ne yazık ki, dindar Yahudi liderlerin protesto sesleri, Rothschildların desteğiyle galip gelen siyasi Siyonizm tarafından bastırıldı. Ramsey McDonald, bu tür aldatıcı davranışlara ilişkin duygularını şöyle özetledi:

> Filistin dahil olmak üzere Osmanlı İmparatorluğu'nun Arap eyaletlerinden bir Arap krallığı kuracağımıza söz vererek Türkiye'deki Arap isyanını teşvik ettik.
>
> Aynı zamanda, Filistin'in yerleşim ve yönetim için Yahudilerin emrine verileceğini vaat ederek Yahudileri bize yardım etmeye teşvik ettik; ve aynı zamanda, toprakları bölüşen Sykes-Picot Anlaşması'nı Fransa ile imzaladık ve Mısır'daki Genel Valimize Araplara bu anlaşmayı vaat etmesini talimat verdik. Bu hikaye, kaba bir ikiyüzlülük örneğidir ve bunun sonucu olan kınamadan kaçınamayız.

McDonald, "O dönemde Yahudileri bize yardım etmeleri için teşvik ediyorduk ve onlara Filistin'in kendilerine ait olacağını vaat ediyorduk. Yahudiler savaşa nasıl yardım edeceklerdi? Arapların yaptığı gibi Yahudi ülkelerinden Türklerle savaşacak adamlar sağlayarak mı?"

> O dönemde Yahudileri bize yardım etmeleri için teşvik ediyorduk ve onlara Filistin'in onların olacağına söz vermiştik. Yahudiler savaşa nasıl yardım edeceklerdi? Arapların yaptığı gibi, Yahudi ülkelerinden Türklerle savaşacak adamlar sağlayarak mı?

Hayır, durum hiç de öyle değildi. Siyonistler, İngilizlerin ve Arapların Türklerle savaşmasına yardım etmek için hiçbir insan gücü sağlamadı. Siyonistler nasıl yardım etti?

Amerikan halkının %87'sinin isteğine aykırı olarak ABD Kongresi'ni Almanya'ya savaş ilan etmeye ikna ettiler. Bunun için, ataları 7.000 yıldır Filistin'de yaşamış olan Arapların ve diğer Filistinli sakinlerin arkasından, İngilizler, ABD'nin suç ortaklığıyla, herhangi bir uluslararası hukuk tarafından uzaktan bile onaylanmamış olmasına rağmen Filistin'i Siyonistlere vaat ettiler.

Arnold Toynbee'nin "felaket" olarak adlandırdığı bu duruma karşı sadece çok az sayıda ses protestoda bulundu. Olivia Maria O'Grady'nin de aralarında bulunduğu birkaç yazar, sözde Balfour Deklarasyonu'na yol açan Sykes-Picot bölünme planına karşı protestoya katıldı:

> Savaş boyunca İngiltere ve müttefikleri, dünya özgürlüğü için savaştıklarını sürekli olarak ilan ettiler. Balfour Deklarasyonu'nda ne tür bir özgürlük yer alıyor? İngiltere, başka bir halkın topraklarını elinden almaya hangi hakla cüret etti? Bir ulus, başka bir ulusun topraklarında yabancı bir halk için ulusal bir vatan kurmayı hangi ahlaki gerekçeyle isteyebilir? Filistin, İngiltere'ye ait değildi.

Arnold Toynbee, idealist tarih felsefesi ışığında insanlık gelişimini kapsamlı bir şekilde yeniden inceleyen on ciltlik eseri *A Study of History* ile evrensel tanınırlık kazanmış, çok sevilen bir İngiliz tarihçi ve önemli bir kamu figürüydü.

Bu nedenle, hiç kimse McDonald, Toynbee ve Arabistanlı Lawrence'ı "Yahudi karşıtı" veya "antisemitik" olarak nitelemeye cesaret edemezdi; zira bu tehdit, benzer görüşlere sahip pek çok kişinin, yasadışı Balfour Deklarasyonu'nda ifade edilen İngiliz hükümetinin ikiyüzlülüğüne karşı sesini yükseltmesini engellemişti. Toynbee, *A Study of History* adlı eserinde Filistin konusunda Araplara yapılan ihanete duyduğu öfkeyi dile getirmişti.

> M.S. 1948'de Filistinli Arapların başına gelen felaketin doğrudan sorumluluğu, o yıl Filistin'de silah zoruyla yaşam alanlarını ele geçiren Siyonist Yahudilerin omuzlarındaydı; ancak Birleşik Krallık halkının omuzlarında da ağır bir dolaylı sorumluluk yükü vardı; çünkü Siyonistler, 1948 yılında, 1918'de önemsiz bir azınlıktan ibaret oldukları bir Arap ülkesini fethetme fırsatına sahip olamazlardı 1918'de önemsiz bir azınlıktan ibaret oldukları bir Arap ülkesini fethetme fırsatı bulamazlardı; çünkü aradan geçen otuz yıl

boyunca, Birleşik Krallık'ın gücü, 'da, 1918'de bu uzun süredir izlenen İngiliz politikasının kurbanları olacak olan ülkenin Arap sakinlerinin iradesine aykırı olarak, protestolara rağmen ve onların endişelerini hiçe sayarak, Yahudi göçmenlerin Filistin'e girişini mümkün kılmak için sürekli olarak kullanılmasaydı.

Yahudi karşıtı önyargıyla suçlanamayacak veya "antisemitik" olarak karalanamayacak olan Arabistanlı Lawrence (Albay Lawrence), Araplara verdiği sözün ihlali konusunda sessiz kalmadı:

> Savaşı kazansak bile, Araplara verilen sözler kağıt parçası haline gelmişti. Oysa Arapların ilhamı, Doğu Savaşı'nı kazanmamızdaki en önemli araçtı. Bu yüzden onlara, İngiltere'nin sözünü hem lafzı hem de ruhu ile yerine getireceğini temin ettim. Bu güvenle onlar harika işler başardılar; ama elbette, birlikte yaptıklarımızla gurur duymak yerine, ben acı bir utanç duydum.

Lawrence'ın ifade ettiği bu tam bir ihanet duygusuna başka sesler de eklendi, bunların arasında O'Grady de vardı:

> Albay Lawrence'ın utanmak için iyi bir nedeni vardı. Araplar İngiltere için savaşırken ve ölürken, İngiltere Dışişleri Bakanı Arthur Balfour, Filistin'i, ABD'yi İngiltere'nin yanında savaşa sokmak için Yahudilerin verdiği bir taahhüt karşılığında takas ediyordu. Bu ihanete ek olarak, İngiltere ve Fransa, Sykes-Picot Antlaşması'nın şartlarına göre, savaşın sonunda Arap topraklarını aralarında bölüşmeyi kabul ettiler.

Toynbee'nin bu sözleri üzerinde aylarca kafa yordum, çünkü Toynbee'nin geçmişi ve bağlantıları, Siyonistlere ya da akıl hocaları Rockefeller ve Rothschild'e karşı en ufak bir eleştiri bile dile getirmesinin son derece olasılık dışı olduğunu gösteriyordu.

Savaş Bakanlığı dosyalarındaki belgelere (ve British Museum'daki kopyalarına) göre Toynbee, Felsefi Radikallerin bir takipçisi olan Lord Bryce'ın himayesindeydi. Toynbee,

Encyclopedia Britannica'nın 9·baskısı için bir makale yazarak Bryce'ın izinden gitti.

Makalenin başlığı "*Fransa'da Alman Terörü: Tarihsel Bir i Kaydı*" idi ve 1917'de, dikkat çekici bir şekilde New York'ta yayınlanan, utanmaz bir anti-Alman propaganda çalışmasıydı. Açıkçası, bu makale, Başkan Wilson'ın Amerika'yı Avrupa'daki savaşa sürükleme mücadelesine yardımcı olmak için bir kışkırtmaydı. Alman vahşetine dair iddiaların hiçbiri kanıtlanamasa da, makale yaygın olarak doğru kabul edildi.

Bu, Wilson'ın, Amerika'nın "demokrasi için dünyayı güvenli hale getirmek" amacıyla oğullarını Fransa'ya gönderip ölmelerine neden olması gerektiğine dair gerekçe olarak, Oxford'daki Balliol Koleji'nden bir üyeden beklediği türden bir gerekçeydi.

Toynbee'den bir sonraki haber, Paris Barış Konferansı'na İngiliz Delegasyonu Üyesi olarak atandığında geldi; bu, 300 Komitesi'nin dış politika kolu olan Kraliyet Uluslararası İlişkiler Enstitüsü ile planladığı geleceği için tehlikeye atacağı prestijli bir pozisyon değildi.

Bu nedenle Toynbee, Mekke Şerifi Hüseyin bin Ali ve Albay Lawrence'a verilen sözleri ve İngilizlerin Türkler üzerinde zafer kazanmasını mümkün kılan bu iki adamın güvenine yapılan büyük ihaneti çok iyi biliyor olmalıydı.

Toynbee, otoriter bir Tek Dünya Hükümeti çağrısında bulunan önemli bir eser yazmıştı; bu eserin bir kopyası Albay House tarafından Başkan Wilson'a teslim edilmişti ve Wilson'ın ve Kraliyet Uluslararası İlişkiler Enstitüsü'nün birçok emri bu esere dayanıyordu. Toynbee'nin çeyrek milyon dolarlık bir fonla desteklendiğini öğrendim, ancak Rothschildlar tarafından da finanse edildiğine dair doğrudan bir gösterge yoktu; ancak, Wilson'ın Milletler Cemiyeti konferansında izleyeceği talimatları iletenin House olduğu gerçeği göz önüne alındığında, böyle bir bağlantı olabilir.

İşte felaketin tohumları burada yatıyor; Filistin'de günümüze kadar süren kargaşanın kaynağı budur. Yahudi Ortodoks Naturei Karta gibi adil düşünen insanlar, o belgede yer alan Rothschild-Balfour'un Arapları satma hikayesinin iyi saklanmış geçmişini biliyorlardı. Naturei Karta Ortodoks Yahudileri, "Yahudi Vatanı" kavramına katılmıyorlar. Bu asil Yahudi Ortodoks hareketi, Filistin'deki Siyonist varlığa karşı çıkıyor.

Avrupa ve Amerika'daki Hıristiyanlara gelince, onlar Filistin'in "diğer" sakinlerinin kaderine karşı kayıtsız bir duruma düşmüşlerdir. Bu, onların şerefine ve Mesih'in sözlerinde somutlaşan Hıristiyan adalet ahlakına yakışmamaktadır:

> "Başkalarına, onların sana yapmasını istediğin gibi davran."

Yüzyıllar boyunca filozoflar, tarihçiler ve akademisyenler şu soruyu sormuşlardır: Neden savaşların tarihi, savaşların her zaman sözde "seçkinler", yani ulusların yöneticileri tarafından başlatıldığını göstermektedir? Henry Clay'in dile getirdiği bir neden, halk arasında hoşnutsuzluk olduğunda, bu tür kargaşayı bastırmak için yabancı tehdidin bir bahane olarak kullanılmasıdır.

İkinci ve belki de en önemli neden, tüm savaşların kökeninin ekonomik olmasıdır. Bankacılık ve finansın kontrolü seçkinlerin elinde olduğundan, bu kesimin ekonomik çıkarlar uğruna savaşları kışkırttığı bilinmektedir. Örneğin, adresindeki uluslararası bankacılar, Birinci Dünya Savaşı'ndan muazzam servetler elde ettiler. Rothschild ailesi ise Amerikan İç Savaşı'nın her iki tarafına da finansman sağlayarak devasa kârlar elde etti.

Bertrand Russell'ın, savaşların nüfusu azalttığına dair bir teorisi de vardır. 300'ler Komitesi'nin gözünde, dünya çok fazla insanla doludur ve bu insanlar dünyanın doğal kaynaklarını endişe verici bir hızla tüketmektedir. Russell'a göre çözüm, düzenli aralıklarla itlaf edilmesi gereken, onun "yararsız yiyiciler" olarak adlandırdığı kişilerden kurtulmaktır.

Birinci Dünya Savaşı'nda ölen on milyon kişi, Russell'ı tatmin etmeye yetmedi; o, savaşlardan kaçan "işe yaramaz yiyiciler"i ortadan kaldırmak için düzenli aralıklarla salgın hastalıkların ve pandemilerin başlatılması gerektiğini savundu. AIDS salgını, "fazla nüfus" havuzundan milyonları ortadan kaldıracağı beklentisiyle kasıtlı olarak başlatıldı.

Elitler, Orta Çağ'daki Kara Veba salgınına karşı başarılı bir şekilde savunma yapmalarıyla kanıtlandığı üzere, üyelerini salgınlardan korumak için yöntemler geliştirmiştir. Piyade askerlerinin karşılaştığı türden askerlik hizmetine gelince, elitlerin başarılı kaçınma taktikleri konusunda bir geçmişi vardır; Başkan G.W. Bush ve Başkan Yardımcısı Richard Cheney'nin geçmişine bakınız. Bunlar münferit örnekler değil, tüm ulusların kayıtlarında bolca rastlanan durumlardır.

BÖLÜM 15

‘in aldatıcı ikili oyunu

Harvard Üniversitesi’nden emekli tarih profesörü William L. Langer, 1915’teki siyasi durumu şu şekilde özetle ifade etmiştir:

> 1916–1917 yıllarında Asya Türkiye’sinde yürütülen seferler... Filistin, uluslararası bir idare altında kalacaktı. 9 Mayıs 1916, İngiltere ve Fransa arasında imzalanan Sykes-Picot Anlaşması... Yukarıdaki anlaşmada bahsedilen topraklar Fransız ve İngiliz idaresi altında kalacak, Arap devletleri veya devletler federasyonu olarak örgütlenecek olan Arap dünyasının geri kalanı ise Fransız ve İngiliz etki alanlarına bölünecekti.

Profesör Langer, klasik bir alçakgönüllülükle şunları ekledi:

> “Bu anlaşmalar, Arap şefleriyle yapılan diğer anlaşmalarla tamamen uyumlu değildi; aslında bu anlaşmalar birbirleriyle de uyumlu değildi.”

Başka bir deyişle, iki farklı görev tanımı yapıldı ve iki farklı hedef seti sunuldu; bunlardan biri Araplar tarafından tamamen bilinmiyordu.

Daha önce bir ABD başkanının bu tür eylemlerinin onaylandığına dair herhangi bir tarihsel örnek var mı? Wilson’ın, esasen hükümetleri tarafından resmi olarak onaylanmamış özel kişilerle gizlilik içinde müzakereler yürütmesi, ABD Anayasası’na göre yasal mıydı? Bu soruların cevabı olumsuz olmalıdır. ABD Hükümeti ve Amerikan halkı için sonuçları çok geniş kapsamlı ve aşağılayıcıydı. Dahası, Balfour

Deklarasyonu'nun resmi bir görevi olmayan Lionel Rothschild'e onaylanması için sunulmasının nedeni, Amerikan halkına hiçbir zaman açıklanmamıştır. Sırf bu nedenle bile, Balfour Deklarasyonu sahte bir belgedir. O noktada İngiliz hükümetinin, Araplara ve onların parlak İngiliz lideri, en çok "Arabistanlı Lawrence" olarak bilinen Albay Thomas Edward Lawrence'a karşı ikiyüzlü davranmaya başladığı açıktır.

Profesör Langer daha sonra iki yıl geriye, 31 Ekim 1914'e giderek Arapların coğrafi konumunu ve İngiltere'nin Orta Doğu Savaşı'nda yenilginin eşiğinden zaferi koparmak için neler yaptığını ayrıntılı bir şekilde anlatır:

> Lord Kitchener (İngiliz kuvvetlerinin komutanı), Mekke'nin Büyük Şerifi Hüseyin'e şartlı bir bağımsızlık garantisi sunmuştu. Şerif ile İngiliz hükümeti arasındaki müzakereler Temmuz 1915'te başladı. 30 Ocak 1916'da İngilizler, Hüseyin'in şartlarını kabul ettiler; ancak Bağdat ve Basra'nın kesin statüsü ile Suriye'deki Fransız etki alanının durumu belirsiz bırakıldı.

Burada Filistin'de Yahudiler için ayrılmış bir "Yahudi vatanı"ndan söz edilmediğine dikkat çekmek gerekir.

> 5 Haziran 1916'da Hicaz'da Arap ayaklanmaları başladı ve Medine'deki Türk garnizonuna bir saldırı düzenlendi.
>
> 7 Haziran'da Hüseyin, Hicaz'ın bağımsızlığını ilan etti ve Medine'deki (Türk) garnizonu teslim oldu.
>
> 29 Ekim'de Hüseyin, tüm Arapların kralı ilan edildi. Arapları Türklere karşı savaşmaya çağırdı.
>
> 15 Aralık'ta İngiliz hükümeti Hüseyin'i Hicaz ve tüm Arapların kralı olarak tanıdı. Sir Archibald Murray'in (19 Mart 1916'dan beri Mısır'daki komutan) Sina ve Filistin'de temkinli bir taarruza karar vermesi, büyük ölçüde Arap ayaklanmasını güçlendirmek içindi. Tüm bu revizyonlar ve askeri harekatlar sırasında, Filistin'deki bir "Yahudi

Vatanı"nın İngiliz hükümeti ile Araplar arasındaki müzakerelerin ve anlaşmaların bir parçası olduğuna dair hiçbir zaman herhangi bir atıfta bulunulmadı. Eğer bu konudan bahsedilmiş olsaydı, Arapların bunu o anda reddedecekleri ve El Arish'i asla ele geçirmeyecekleri varsayımı kesinlikle doğru olurdu. Tarihçilerin çoğu bu hayati noktada hemfikirdir.

21 Aralık 1916'da İngilizler, çölün ortasına bir demiryolu ve boru hattı inşa ettikten sonra El Arish'i ele geçirdiler. 17-19 Nisan 1917'de İngilizler, Türk ve Almanların birleşik güçleri tarafından geri püskürtüldü ve ağır kayıplar verdi. 28 Haziran'da Murray'in yerine Sir Edmund Allenby geçti.

6 Temmuz'da, Arap hareketine ivme kazandıran ve Akabe'yi ele geçiren, böylece Türk garnizonlarına ve özellikle de Türk iletişim ağının en önemli halkası olan Hicaz demiryolunun muhafızlarına karşı parlak saldırıların başlangıcını oluşturan, efsanevi savaş kahramanı Albay Thomas E. Lawrence'ın ortaya çıkışı başladı. Tarih, Hicaz demiryolu hattı ve Akabe boyunca yaşanan tüm bu çatışmaların, yalnızca Albay Thomas E. Lawrence'ın komutasındaki Arap güçleri tarafından gerçekleştirildiğini doğrulamaktadır. Bu önemli seferlere hiçbir İngiliz birliği katılmamıştır ve herhangi bir Yahudi gücünün katıldığına dair hiçbir kayda rastlanmamaktadır. Langer ve diğer tarihçiler, Arapların yardımı olmadan İngilizlerin Türkiye'yi Arabistan ve Filistin'den çıkaramayacağını açıkça kabul etmektedir. Düşünülürse, Türkleri Arabistan ve Filistin'den çıkaran, Lawrence'ın komutasındaki Araplardı. Lawrence'ın komutasındaki ve onun vaatlerine inanan Arapların, savaşmalarının karşılığı olarak "Yahudiler için bir vatan" kurulacağını bilerek bunu yaptıklarına inanmak tamamen mantıksızdır."

Langer şöyle devam ediyor:

Filistin cephesinde, yeni İngiliz komutanı General Edmund Allenby, Ekim 1917'de ilerlemeye başlamıştı... 9 Aralık'ta Allenby Kudüs'ü ele geçirdi. İngiliz ilerleyişi, Allenby'nin,

> İngiliz Ordusu'nun ağır kayıplar vererek yenilgiye uğradığı Fransa'daki cephedeki krizi çözmek ve zafer kazanan Alman ilerleyişini durdurmak için ordusunun büyük bir kısmını Fransa'ya göndermek zorunda kalması nedeniyle gecikti. İngiliz Ordusu, Avrupa'da Fransız ve Alman birliklerinin ilerleyişini durdurmaya yardımcı olmak için Mezopotamya ve Türkiye'de savaşan tüm kuvvetlerine Almanya ve Fransa cephelerine geri dönme emri verdi.

Tahminimce, 18 Mart 1918'de büyük çoğunluğu Fransa'ya gönderilmiş olduğundan, Filistin'de birkaç garnizon ve ikmal birliği dışında İngiliz birlikleri kalmamıştı. Langer'in, İngiliz kuvvetlerinin Araplar tarafından maddi olarak desteklendiği yönündeki ifadesi yanlıştır. Savaşın büyük kısmını, ana İngiliz Ordusu Fransa'ya sevk edildikten sonra geride kalan birkaç İngiliz birliğinin desteğiyle Arap kuvvetleri yürüttü. Langer , İngiliz kuvvetlerinin Filistin'deki Türk varlığına son verdiğini de ekledi. Bence onun anlatımı açıkça yanlıştır.

Filistin'deki Türk varlığını sona erdiren Arap kuvvetleriydi. Filistin'deki büyük savaşlarda hiçbir Fransız, İngiliz veya Yahudi askeri bulunmuyordu. Bu tartışmasız bir gerçektir. Toynbee ve Lawrence, Londra Times'ta yayınlanan Langer'in raporuna dehşet duydular ve bunun yanlış olduğunu belirterek öfkelerini dile getirdiler. Allenby'nin, İngiliz birliklerinden mahrum kaldığı için, savaş tecrübesi olan Arapların 8 Eylül 1918'deki harekat sırasında Türkleri Filistin'den çıkaracağını bilerek, Türklere karşı harekatını sürdürmek için Arap kuvvetlerine güvenmek zorunda kaldığı açıktır. Langer şöyle diyor:

> İngilizler, Akdeniz yakınlarındaki Türk hatlarını kırdı ve düşman kuvvetlerini geri püskürtmeye başladı. Lawrence komutasındaki Arapların maddi desteğiyle İngiliz kuvvetleri artık kuzeye doğru ilerleyebiliyordu.

Burada da Langer, savaşın büyük kısmını üstlenen Arap güçlerinin oynadığı kilit rolü en aza indirgemeye çalışıyor. Tarihçi O'Grady, kitabının 316. sayfasında Filistin'deki olaylara ilişkin görüşünü şöyle dile getiriyor:

İngiliz Ordusu Kutsal Topraklara ilerlerken, Kaiser'in elindeki Filistin'e ilişkin Yahudi " " umutları sönmeye başladı. Eğer Büyük Britanya, dünya Yahudilerine Filistin'de bir dayanak noktası garanti ederse, dünya Yahudileri Büyük Britanya için çalışacaktı. Şubat 1917'de, Sir Mark Sykes'ın baş arabulucu olarak görev aldığı İngiliz hükümeti ile müzakereler başlatıldı. 2 Kasım 1917'de Lord Balfour, ABD'deki özel şahıslar arasında yapılan gizli pazarlıkların ve kapsamlı yazışmaların sonuçlarını, İsrail'in taçsız kralı Lionel Rothschild'e hitaben yazdığı bir mektupta özetledi.

Bu mektup, *Balfour Deklarasyonu* olarak bilinecek ve şu şekildeydi:

> *Sayın Lord Rothschild, Majestelerinin Hükümeti adına, Kabine'ye sunulmuş ve onaylanmış olan, Yahudi Siyonistlerin özlemlerine destek veren aşağıdaki bildiriyi size iletmekten büyük memnuniyet duyarım.*
>
> *Majestelerinin Hükümeti, Filistin'de Yahudi halkı için bir ulusal vatan kurulmasını olumlu karşılamaktadır ve bu hedefin gerçekleştirilmesini kolaylaştırmak için elinden gelenin en iyisini yapacaktır; ancak, Filistin'deki Yahudi olmayan toplulukların medeni ve dini haklarına veya diğer ülkelerdeki Yahudilerin sahip olduğu haklara ve siyasi statüye zarar verecek hiçbir şeyin yapılmayacağı açıkça anlaşılmaktadır. Bu Bildirgeyi Siyonist Federasyonu'nun bilgisine sunarsanız memnun olurum.*

Yahudiler, Lord Balfour'un davalarının "adaletini" görüp bu fikri İngiliz hükümetine "satarak" bildiriyi yazdığına inanması için gayretle çalıştılar. Mektubun yayınlandığını bildirirken Siyonistler şöyle dediler:

> "Balfour Bildirisi, sadece Dışişleri Bakanı Sir Arthur Balfour'un bu tarihi mektubu yazmış olması nedeniyle değil, aynı zamanda diğer tüm devlet adamlarından daha fazla,

> Bildiri'de somutlaşan politikadan sorumlu olması nedeniyle de haklı olarak bu isimle anılmaktadır."

Yahudi halkına adil davranmak adına araştırma yaptım, ancak Balfour veya Sykes'in, Arabistanlı Lawrence veya Şerif Hüseyin'e ya d 'daki Filistin'de yaşayan halkın liderlerine danıştığına dair herhangi bir referans bulamadım; her ne kadar bu tür bir kaydın araştırmacıların dikkatinden kaçmış olabileceğini görmek için titiz bir araştırma yapılmış olsa da, durum böyle değildi. O'Grady'ye devam edelim:

> Ve elbette, gerçeklerden daha uzak bir şey olamazdı. Orijinal taslak Yahudiler tarafından yazılmıştı. Onu düzenleyen Yargıç Brandeis kimdi? Brandeis, Amerikan Demokrat Partisi'nin aşırı solcu bir üyesi, ABD Yüksek Mahkemesi yargıcı ve çeşitli Siyonist örgütlerin üyesiydi. Arthur Balfour ve Lord Rothschild arasındaki müzakerelerin hiçbirinde Şerif Hüseyin veya Arabistanlı Lawrence yer almadı; Brandeis bir ABD vatandaşı olarak hareket etti ve Kongre veya Dışişleri Bakanlığı tarafından ABD hükümeti sözcüsü olarak hareket etme yetkisi verilmedi.

Tarihçi O'Grady, "Başkan Wilson bunu onayladı" demektedir. Bu, önemli soruları gündeme getirmektedir: Wilson, Brandeis, Lionel Rothschild, Lord Balfour ve Amerikan Siyonist Partisi arasındaki "görüşmelere" dahil olduğunda, Başkanlık görevinden başka bir sıfatla mı hareket ediyordu?

* Eğer cevap hayırsa, Wilson ABD Başkanı sıfatıyla resmi olarak mı hareket ediyordu?

* Kongre, Wilson'ın eylemlerini onaylamış mıydı ve bunlar Kongre tarafından finanse ediliyor muydu?

* Eğer cevabı evet ise, Wilson herhangi bir sıfatla hareket etmek üzere ABD Kongresi Kararı ile yetkilendirilmiş miydi?

> Başkan Wilson bunu onayladı ve ardından imzalanması için Balfour'a sunuldu. Amerika Birleşik Devletleri'nin

> tarihindeki hiçbir olay bu kadar aşağılayıcı değildir. Hükümette herhangi bir görevi bulunmayan Brandeis'in Bildirge'yi neden kaleme aldığına ve ardından bunu İngiliz hükümetinde resmi bir görevi olmayan Lionel Rothschild'e sunduğuna dair hiçbir açıklama yoktur. (Maria O'Grady)

Perde arkasında yaşananlar, Dr. Jacob de Haas'ın Justice Brandeis biyografisinde şöyle açıklanmaktadır:

> [Balfour Deklarasyonu'nun] önemli sayıda taslağı Londra'da hazırlanmış ve Amerikan Siyonist Siyasi Komitesi'nin kullanımı için Savaş Bakanlığı kanalları aracılığıyla Amerika Birleşik Devletleri'ne iletilmiştir. Savaş konseylerinde Amerikan üstünlüğü, İngilizleri deklarasyonun yayınlanmasından önce Başkan Wilson'dan terminolojiye ilişkin rıza ve onay istemeye yöneltmiştir.
>
> Hükümetten hükümete telgrafla gönderilen taslak, onay için Brandeis rejimine teslim edildi. En gerekli revizyonun ardından, Siyonist amaçlara tam olarak sempati duyan Albay House aracılığıyla hareket eden Başkan Wilson, yayınlanan versiyonun İngiliz hükümetine telgrafla gönderilmesine izin verdi ve tüm müttefik hükümetler de sırayla onaylarını verdi.
>
> "Brandeis rejimi", Brandeis'in başkanlığını yaptığı Genel Siyonist İşler Geçici Komitesi'ni ifade eder. Sız okuyucular, bunu hayal edebiliyor musunuz! Telgrafla gönderilen taslaklar, Amerika Birleşik Devletleri, İngiliz Savaş Bakanlığı, hepsi Siyonistlerin yararına çalışıyor! Ne kadar muazzam bir güce sahipler!

Yine, Hüseyin, Lawrence, Arap liderler veya Filistin halkına herhangi bir şekilde danışıldığından söz edilmiyor; ayrıca ABD Kongresi'nin, Amerikan hükümeti dışındaki Brandeis komitesi ile Lord Rothschild, Wilson ve Balfour arasındaki gizli müzakerelerden haberi olduğu da görünmüyor. Sadece Siyonistlere danışıldı.

Yahudi entrikalarını inceleyen çoğu kişi, Balfour

Deklarasyonu'nun ardındaki hem İngiliz hem de Yahudi planlarından ve amaçlarından şüpheleniyordu. Deklarasyon kamuoyuna açıklandığında Amerika Birleşik Devletleri savaşa gireli neredeyse yedi ay olmuştu , ancak Amerika Birleşik Devletleri'ni sürece dahil eden faktör olarak önemi gözden kaçmamıştı.

Doğru sonuçlara varılmasını sağlayacak önemli kanıtlar mevcuttu. Ancak bu tür anlaşmalar için yapılan hükümet müzakereleri her zaman gizlidir ve işlem sırasında kesin kanıt elde etmek genellikle çok zordur.

Olay telafisi imkansız hale geldiğinde ve geçmişin sisleri arasında kaybolduğunda, insanlar anılarını yazmaya ve bir zamanlar dünyayı sarsan gizli başarılarıyla övünmeye meyillidirler. Bay Landman'ın durumu da böyleydi. Kendisi, Birleşik Krallık İkinci Ortak Siyonist Konseyi'nin onursal sekreteri, Siyonist dergisinin editörü ve Siyonist Örgütü'nün sekreteri ve avukatıydı. Daha sonra Yeni Siyonist Örgütü'nün hukuk danışmanı oldu.

7 Şubat 1936 tarihli *London Jewish Chronicle'da* "*Büyük Britanya, Yahudiler ve Filistin*" başlığıyla yayınlanan yazısında Bay Landman kısmen şöyle yazmaktadır:

> 1916'da, savaşın kritik günlerinde, Rusya'nın savaştan çekilmesi kaçınılmaz hale gelmiş ve Yahudilerin genel görüşü Rus karşıtıyken, Almanya'nın zaferi halinde belirli koşullar altında Filistin'i kendilerine vereceği umudu varken, Müttefikler Amerika'yı kendi taraflarına çekmek için çeşitli girişimlerde bulundular. Bu girişimler başarısız oldu.
>
> Londra'daki Fransız Büyükelçiliği'nden George Picot ve o dönemde Kabine Sekreterliği'nden merhum Sir Mark Sykes ile yakın temas halinde olan Quai d'Orsay Doğu Bölümü'nden Gout, İngiliz ve Fransız hükümetlerinin temsilcilerini, Amerikan Başkanını savaşa sokmanın en iyi ve belki de tek yolunun, Siyonist Yahudilere Filistin'i vaat ederek onların işbirliğini sağlamak olduğuna ikna etme fırsatını değerlendirdiler.

> Böylelikle Müttefikler, Amerika'daki ve başka yerlerdeki Siyonist Yahudilerin o zamana kadar fark edilmeyen güçlü gücünü, karşılıklı bir anlaşma temelinde kendi lehlerine kazanacak ve seferber edeceklerdi. O dönemde Başkan Wilson, Yargıç Brandeis'in tavsiyesine mümkün olan en büyük önemi veriyordu.
>
> Sir Mark, Savaş Kabinesi'nden Malcolm'a bu temelde Siyonistlere yaklaşma yetkisi verilmesi için izin aldı; ne Mark Sykes ne de Malcolm, Siyonist liderlerin kimler olduğunu biliyordu ve Malcolm, kime başvurması gerektiği konusunda bilgi almak için L. J. Greenberg'e başvurdu... Siyonistler üzerlerine düşen görevi yerine getirdiler ve Amerika'nın sürece dahil olmasına yardımcı oldular; 2 Kasım 1917 tarihli Balfour Deklarasyonu ise 1916 tarihli sözlü anlaşmanın kamuoyuna duyurulmasıydı.
>
> Bu sözlü anlaşma, sadece İngiliz, Fransız, Amerikan ve diğer Müttefik hükümetlerin değil, aynı zamanda Arap liderlerin de önceden rızası ve onayı ile yapıldı... Daha önce başka bir yerde ayrıntılı olarak açıklandığı gibi, Dr. Weitzman ve Bay Sokolow, Bay James Malcolm'un İngiliz Savaş Kabinesi'nin elçisi olarak kendilerine geldiğini biliyorlardı; Kabine, Malcolm'a, Siyonistlerin yardımı karşılığında İngiltere'nin Filistin'i Yahudilere vereceğini, Yargıç Brandeis aracılığıyla Amerika Birleşik Devletleri'ni Müttefiklerin yardımına koşmaya ikna ederek, kendi adına söyleme yetkisi vermişti. Hem Sir Mark Sykes hem de Bay Malcolm, Londra ve Paris'teki Arap temsilcilerine, Amerika Birleşik Devletleri'nin yardımı olmadan savaştan sonra herhangi bir Arap devletinin kurulma ihtimalinin sorunlu olduğunu ve bu nedenle, Amerika Birleşik Devletleri'ni Müttefikler'in yardımına ikna etmedeki yardımlarına karşılık Filistin'in Yahudilere verilmesi konusunda anlaşmaları gerektiğini bildirdiler.

Kapsamlı ve titiz bir araştırma yaptıktan sonra, Mekke ve Medine Şerifi Hüseyin bin Ali ile Albay Lawrence'a verilen sözlerin arkasında kalınacağına dair komployu bildirdiği iddia edilen "Paris ve Londra'daki Arap temsilcilerin" isimlerini bulamadım;

Bay Landman da bu gizemli "Arap temsilcilerin" isimlerini vermemiştir. Bu da "neden?" sorusunu gündeme getirir. Diğer herkesi isimleriyle anarken, neden "Arap temsilciler"in kimlikleri gizli tutulmuştur?

Aşikar olan şey şudur: Lawrence ve Hüseyin bin Ali, Türkiye'ye karşı savaşta kendi hayatlarını ve adamlarının hayatlarını tehlikeye atarken, olup bitenlerden haberdar değillerdi; ayrıca bu iki kişinin Siyonistlerle yürütülen gizli müzakerelerden haberdar olduklarına ya da Londra ve Paris'e temsilcilerini göndermeleri istendiğine dair hiçbir kayıt bulunamamıştır. Siyonistler bilgilendirilmişti, ancak savaşın sırtında yürütüleceği Amerikan halkı bilgilendirilmemişti.

BÖLÜM 16

“Hain Albion” ‘daki ününe yakışır

Her halükarda, sıradan Amerikan halkı gibi, Lawrence ve Hüseyin bin Ali de, Ramsey McDonald’ın "üçlü anlaşma" olarak adlandırdığı, arkalarında dönen olaylardan habersizdi. Ve Wilson’ın, büyük çoğunluğun iradesine aykırı olarak Amerika’yı Avrupa çatışmasına sürükleme zamanı geldiğinde, onun zayıf bahanesi, savaşın "dünyayı demokrasi için güvenli hale getirmek" için olduğu idi. Wilson’ın işlediği ihanet hâlâ devam ediyor. Dr. Bella Dodd, 1930 yılında, Wilson döneminde durumun o kadar kötü olduğunu, “modern tarihin büyük ölçüde gerçeğe karşı bir komplo olduğunu” hissettiğini yazdı. (*Tanrı ve İnsana Karşı Komplo*, sayfa 9)

Baron Edmond Rothschild’in desteği olmasaydı, Rison, Zikron ve Rosh Pina’da kurulan Rus Siyonist yerleşimlerinin başarısız olacağını ve Filistin’de neredeyse hiç Yahudi varlığı olmayacağını keşfettim. Bu, Yahudilerin zaten Filistin’de yaşıyormuş gibi görünmesini sağlamak için Rothschild stratejisinin önemli bir parçasıydı — işe yarayan bir hile.

Rothschild ayrıca Ekron ve Medull adlı iki yeni koloninin kurulmasına da yardım etti. Yüzyılın sonunda toplam yirmi bir tarım yerleşimi mevcuttu, ancak Rothschild, “ ” kolonistlerinin yeteneklerine güvenmiyordu ve yerleşimlerin doğrudan denetimini ve kontrolünü elinde tutmakta ısrar etti. Hubert Herring, And So To War adlı kitabında, Siyonistlerin Filistin’e sahip olabilmesi için ABD’nin ödemek zorunda kaldığı bedeli şöyle özetliyor:

> Savaşın bedelini ödedik. 126.000 kişinin hayatı, 234.300 kişinin sakat kalması ve yaralanmasıyla ödedik. Savaşın, barışçıl bir dünyada alıştıkları yerlerinden kopardığı yüz binlerce kişinin hayatının altüst olmasıyla ödedik. Savaş histerisinin kırbaçlamalarıyla ulusal moralimize verilen ölçülemez zararla ödedik. Henüz kurtulamadığımız bir ekonomik kargaşa dönemiyle ödedik. Savaşın doğrudan maliyeti 55 milyar dolara ulaştı. Dolaylı maliyeti ise asla hesaplanamaz.

Peki Siyonistlerin karşılığında ne verdiler? Anlayabildiğim kadarıyla, kesinlikle hiçbir şey. İlginç bir ayrıntı, Herzl'in Filistin'e Yahudi göçü için Papa X. Pius'un onayını alamamış olmasıydı:

> Bu hareketi destekleyemeyiz. Yahudilerin Kudüs'e gitmesini engelleyemeyiz, ancak bunu asla onaylayamayız.

A History of Zionism (Siyonizm Tarihi) kitabının 129–130. sayfalarına göre, bu görüşme 1903 yılında Papa ile yapılan bir toplantıda gerçekleşti; bu da Lord Arthur Balfour'un, deklarasyonu imzalamadan çok önce Katolik Kilisesi'nin Filistin'e Siyonist göçüne karşı güçlü bir muhalefet olduğunu bildiği, ancak bu konuda kimseye bilgi vermediği anlamına geliyor. Dolayısıyla, ikiyüzlülük örneği 1903 yılında zaten ortadaydı.

Katoliklerin İsrail'e karşı muhalefeti, Rothschildların büyük bir Hıristiyan nüfusa sahip Rusya'ya karşı beslediği şiddetli nefrete katkıda bulunmuş olabilir.

Siyonizmin babası Herzl, 44 yaşında öldü. *A History of Zionism'e* göre, Rothschild'larla ya d 'daki önde gelen hahamlarının otokratik tarzını beğenmediği Ortodoks Yahudilerle hiçbir zaman çok iyi geçinemedi. Herzl her konuda son sözü söylemek isterdi.

> Herzl'in eleştirmenlerinin de işaret ettiği gibi, Herzl'de Yahudiliğe özgü çok az şey vardı. Bu durum, belki de en açık

> şekilde Yahudi devleti vizyonunda ortaya çıkmaktadır... Herzl, Yahudiler tarafından aydınlatılmış, modern, teknolojik olarak gelişmiş ve aydınlanmış bir devlet öngörmüştü, ancak bu, özellikle bir Yahudi devleti değildi. (*Siyonizm Tarihi*, sayfa 132–133)

Herzl'in Filistin'e Yahudiler için dini bir "vatan" olarak ilgi duyduğu pek söylenemez, özellikle de yeni yerleşimcilerin çoğunun Rusya'dan geldiği ve Filistin'le daha önce hiçbir bağlantısı olmadığı, Rus Yahudilerinin orada hiç yaşamadığı ve özellikle dindar olmadıkları gerçeği göz önüne alındığında.

Lacquer bunu gayet açık bir şekilde ortaya koymaktadır. Lord Chamberlain, Uganda'nın İngiliz hükümetinin verebileceği bir toprak olmamasına rağmen, Yahudiler için Uganda'da bir "vatan" sağlama teklifiyle ortaya çıktı. Chamberlain, Herzl'e Uganda'yı gezdiğini ve şöyle düşündüğünü söyledi: "İşte Dr. Herzl için bir toprak, ama elbette o sadece Filistin'i veya çevresini istiyor." Haklıydı. Herzl bu fikri bir kenara attı. O, Filistin'e takıntılıydı ve başka hiçbir şey kabul etmezdi. 30 Mayıs 1903'te Rothschild'e şöyle yazdı: "Cesaretim kırılmadı. Bana yardım edecek çok güçlü bir adamım var." (*A History of Zionism*, Walter Laqueur, sayfa 122, 123) Bu, Herzl'in gerçek otokratik tarzının bir örneğiydi.

Rothschildlar ile Sir Halford Mackinder arasında, özellikle Mackinder'a tamamlanması görevlendirilen gelecekteki Tek Dünya Hükümeti – Yeni Dünya Düzeni'nin taslağını hazırlama konusunda ikilinin bir dizi konuda istişare yaptığını ima eden aracılar aracılığıyla yapılan yazışmalar gibi herhangi bir doğrudan bağlantı ortaya çıkaramamış olsam da. Komünist ideallerin yuvası olan Londra Ekonomi Okulu'nun bir öğrencisi olan Mackinder, yine de iyi bir muhafazakar görünüm sergiledi ve Paris Barış Konferansı'nda, Milletler Cemiyeti'nin yetkisiyle Yeni Dünya Düzeni'ni başlatmak için hangi adımların atılması gerektiği konusunda Başkan Wilson'ı etkilediğine inanılıyor. Rothschildların, Dünya Sosyalist rüyasına büyük katkı sağladıkları kesindir. Wilson'ın Paris Barış Konferansı'na gelmesinden bir ay sonra, Mackinder'ın yeni kitabı "*Demokratik İdealler ve Gerçeklik*" yayınlandı. Kitabın yayınlanma zamanlaması tesadüf değildi.

Mackinder kitabında, görünüşte Milletler Cemiyeti olan Tek Dünya Hükümeti altında bir Yeni Dünya Düzeni (NWO) kurulmasını talep etti. Bu hedef barışçıl ve gönüllü yollarla gerçekleştirilemezse, o zaman güce başvurulacaktı.

Mackinder, Yeni Dünya Düzeni'nin ideal olarak demokratik bir kurum olacağını, ancak zaman zaman bir diktatörlük haline gelmesinin de kaçınılmaz olduğunu kabul etti. Siyonistler, Milletler Cemiyeti'nin kendi konseptleri olduğunu iddia ettiler ve Maria O'Grady kitabında buna atıfta bulunarak şöyle dedi:

> Başkan Wilson, sinister Albay House tarafından oradan oraya itilen ve Siyonist Brandeis tarafından danışmanlık yapılan Yahudi finans kardeşliği tarafından kuşatılmıştı. (Sayfa 342)

Siyonistler, Milletler Cemiyeti kavramını büyük ölçüde desteklediler ve bunu kendi yaratımları olarak iddia ettiler:

> Nahum Sokolow, Carlsbad Konferansı'nda "Lig, Yahudilerin fikridir. 25 yıllık bir mücadelenin ardından onu biz yarattık" demiştir.

Sosyalistlerin hakim olduğu nihai Dünya Hükümeti, sosyalizmin uzun süredir hedeflediği bir amaçtır ve bu kavramın Rothschildlar tarafından desteklendiği iyi bilinmektedir. Ailenin bir üyesi olan Jacob Schiff, Milletler Cemiyeti'nin kurulması için yoğun çaba sarf etmiştir. Cemiyet, ailenin Londra şubesinden N. M. Rothschild'dan 3.000 sterlinlik bir bağış almıştır. Göreceğimiz gibi, bunun arkasında gizli bir amaç olabilir, zira Milletler Cemiyeti, Filistin'e ilişkin bir yetki belgesinin İngiliz Hükümeti'ne verilmesinde belirleyici bir rol oynayacaktı; bu, Filistin'de Yahudiler için bir "Vatan" sağlanmasına giden yolda atılan belirleyici bir adımdı. Bunu akılda tutarak, Lord Balfour'a ve onun, Albay Lawrence ile Arapların arkasından yapılan ikiyüzlülük, aldatma ve gizli anlaşmalara dayanan sözde "Balfour Deklarasyonu"na geri dönüyorum.

Balfour, Filistin'deki bir "Yahudi Vatanı"nın, Filistin sakinlerine bir Yahudi devletinin dayatılması anlamına gelmediğini aceleyle açıklamaya çalıştı, ancak sonraki olayların ışığında, bunun Siyonistlerin hedefi olduğu ortaya çıktı. Balfour'un ifadesiyle:

> ... ancak mevcut Yahudi topluluğunun daha da gelişmesi, böylece Yahudi halkının bir bütün olarak din ve ırk temelinde ilgi ve gurur duyabileceği bir merkez haline gelmesi.

Balfour'un atladığı nokta, İngilizlerin yaptıkları veya söyledikleri hiçbir şeyin, Filistin'in kendilerine ait olmadığı gerçeğini gölgeleyemeyeceği ve İngiliz hükümetinin Filistin için bir mandayı güvence altına alma konusunda en ufak bir hakkı olmadığıydı. Ancak Lord Nathan Rothschild'in desteğini alan Balfour, sanki bu iki adamın uygun gördükleri şekilde keyfi davranma konusunda doğuştan gelen bir hakları varmış gibi, yine de ilerlemeye devam etti.

7.000 yıldan fazla bir süredir var olan Arap ve diğer nüfus gruplarının, Hıristiyanlar da dahil olmak üzere, hakları Lord Balfour tarafından tamamen göz ardı edildi. Siyonizm konusunda önde gelen uzmanlardan biri olan Walter Laqueur gibi saygın bir otorite, Balfour Deklarasyonu uyarınca Filistin'e yerleşecek Yahudilerin çoğunun Rusya'dan geldiğini doğruladı. Bu insanların Filistin ile daha önce hiçbir bağlantısı yoktu. Laqueur ayrıca, Rus Yahudilerinin Rusya'dan koparılıp Filistin'e gönderilmekten pek de memnun olmadıklarını da belirtti:

> Rus Yahudileri, Siyonizm ve bir Yahudi ulusal yurdu (dini vatan) konusundaki tutumlarında bölünmüştü ve hiçbir şekilde Rusya'yı savaşta tutamazlardı. Öte yandan Müttefikler, biraz kaba bir ifadeyle, Siyonistlere herhangi bir söz verilmeseydi bile savaşı kazanacaktı.

Laqueur'un, biraz dolaylı da olsa, açıkladığı şey, Siyonistlerin Balfour ile yaptıkları "anlaşma"ydı; yani, Siyonistler ABD'yi

Müttefikler tarafında savaşa sokabilirlerse, İngilizler karşılığında Filistin'de bir Yahudi vatanı kuracaktı.

> Balfour Deklarasyonu'nun kabul edilmesinden kısa bir süre sonra yapılan özel bir toplantıda, savaşta Yahudilerin desteğini kazanmak niyetinde olup olmadığı sorulduğunda, Balfour "kesinlikle hayır" diye tersledi ve dünya tarihi boyutlarında bir yanlışı düzeltmede etkili olduğunu hissettiğini açıkladı. 1922'de Balfour yaptığı bir konuşmada, Avrupa kültürünün tamamının Yahudilere karşı büyük suçlar işlediğini ve Britanya'nın, Yahudilere geçmişte diasporadaki ülkelerde kullanabildikleri büyük yeteneklerini barış içinde geliştirmeleri için bir fırsat sunma konusunda inisiyatif aldığını söyledi. (*Siyonizm Tarihi*, sayfa 203)

Balfour, Filistin'in 7.000 yıldır orada yaşayan bir halka ait olduğu halde neden Yahudilere verilmesinin yasal kabul edildiğini açıklamadı; özellikle de Madagaskar'daki büyük bir arazi parçası ile Uganda'daki araziler tartışılmadan teklif edilmiş ve reddedilmişti. Balfour, Filistin'deki Yahudiler lehine yaptığı bu cömert jestin, Filistin'deki Arap ve diğer Yahudi olmayan nüfusun aleyhine olacağını da açıklamadı. Rusya'dan gelen yeni yerleşimcilerin çoğunun Filistin ile ne gibi bağlantıları olduğunu da hiçbir zaman açıklamadı.

Dr. Jacob de Haas'a göre, Balfour'un fedakarlık dolu beyanlarına büyük şüpheyle yaklaşılmalıdır, çünkü Deklarasyonun ardındaki asıl amaç, Amerika Birleşik Devletleri'ni Müttefikler tarafında savaşa sokmaktı.

Balfour Deklarasyonu'nun arkasındaki gerçek nedenlerin doğrulanması, başka bir güvenilir kaynaktan, 25 Nisan 1939 tarihli Kongre Kayıtları'nın 6597–6604. sayfalarından geldi; bu kayıtlar, Senatör Nye'nin ABD Senatosu'nda yaptığı bir konuşmayı yansıtmaktadır:

> "Gelecek Savaş" başlığı altında bir dizi eser yayınlanmıştır. Bu dizinin ciltlerinden biri "Gelecek Savaşta Propaganda" adını taşımaktadır. Bu cilt, Sydney Rogerson adlı bir kişi

tarafından yazılmıştır.

Onun geçmişi hakkında herhangi bir iz bulamadım; ancak " "da yer alan "Propaganda in the Next War" başlıklı eser de dahil olmak üzere bu eserlerin baş editörü, Büyük Britanya'da bir otorite olarak dünya çapında tanınan bir kişidir. Bu kişi, *Londra Times* gazetesi ile bağlantılı, Avrupa'da bir yazar ve askeri otorite olan Yüzbaşı Liddell Hart'tan başkası değildir.

Anladığım kadarıyla, geçen sonbaharda yayınlanıp dolaşıma giren bu "Propaganda in the Next War" adlı kitap, tirajının artırılması yerine, şu anda onu dolaşımdan kaldırmak isteyenlerin elinde zor günler geçiriyor. Birkaç gün önce bu kitabı elimde tutarak Senato kürsüsüne çıktım. Bugün 'da yanımda olmadığı için üzgünüm. Bana söylendiğine göre, bu kitap Amerika Birleşik Devletleri'nde bulunan "Propaganda in the Next War" kitabının tek kopyası. Bu kitabı temin etmek mümkün; Senato'da ihtiyacım olursa ödünç alabilirim, ancak artık bu kitabı bulmak kolay değil. Keşke kitabın tamamı elimde olsaydı ve Senato'nun her üyesi bu kitabı okuyabilseydi.

Aşağıda *"Propaganda in the Next War"* kitabından alıntılar yer almaktadır:

> Zaman zaman Amerika Birleşik Devletleri'nin hangi tarafı tutacağı konusu belirsizdi ve nihai sonuç, bizim kutsal olmayan makinemizin başarısıydı. Geriye Yahudiler kalıyor. Dünya nüfusunun 15.000.000'ünün en az 5.000.000'ünün Amerika Birleşik Devletleri'nde olduğu tahmin ediliyor; New York nüfusunun yüzde 25'i Yahudilerden oluşuyor. Büyük Savaş sırasında, Filistin'de bir Ulusal Yurt vaadiyle bu devasa Yahudi kitlesini satın aldık; Ludendorf bunu, sadece Amerika'daki Yahudilere değil, Almanya'daki Yahudilere de hitap etmemizi sağladığı için bir propaganda şaheseri olarak gördü.

George Armstrong, *The Rothschild Money Trust* adlı eserinde bunun nasıl gerçekleştiğini şöyle açıklıyor:

Başkan Wilson'ın 1916'daki ikinci seçilmesinden önce bizi savaşın dışında tuttuğu gerçeği hakkında hiçbir şüphe yoktur. Aynı şekilde, bu sloganla seçildiği gerçeği hakkında da hiçbir şüphe yoktur. Neden seçimden kısa bir süre sonra fikrini değiştirdi? Neden Müttefiklere yardım etmek için İngiliz Hükümeti ile bir anlaşma yaptı? Bu, şimdiye kadar açıklanamayan bir gizem olarak kaldı.

BÖLÜM 17

"Üçlü ihanet" Filistin'in kaderini belirliyor

Ramsey McDonald, Balfour Deklarasyonu'nu "üçlü oyun" olarak nitelendirdi, ancak Milletler Cemiyeti, 23 Eylül 1923'te İngiliz mandasını onaylayarak bir dizi hatanın ilkini yaptı ve daha oyunun başlarında, hiçbir şekilde tarafsız bir kurum olmadığını kanıtladı. Mandat Komisyonu'nun önsözünde Balfour Deklarasyonu'nu tekrarlayan Komisyon, göç sorunlarını ele aldı ve bunların nasıl çözülmesi gerektiğini bir dizi maddeyle önerdi; bunlardan en ikna edici olanı 22. maddeydi. Deklarasyonun hiçbir yerinde, Britanya'nın kendisine ait olmayan toprakları başkasına devretmesi meselesi ele alınmamıştı:

> Milletler Cemiyeti ise şöyle beyan eder: 'Nüfusların henüz kendi başlarına ayakta duramayacakları durumlarda, bu halkların refahı ve gelişiminin medeniyetin kutsal bir emaneti olduğu kabul edilen inançlara uygun olarak, onlar için bir yönetim mekanizması kurulmalıdır'.

Deneyimsiz kişiler için, Wilson garantilerinin nasıl atlatıldığının inceliği hemen anlaşılmayabilir, ancak 23. Madde, Wilson'ın "kendi kaderini tayin ve bağımsızlık" garantilerini geçersiz kılıp, bunların yerine Milletler Cemiyeti'nin egemen ulusların ve devletlerin işlerine müdahale etme hayali hakkını koyarak, fiilen kendi tüzüğünü lekelemiştir. Böylece , adil düşünenler için, Milletler Cemiyeti'nin kurulduğu andan itibaren egemen ulusların ve devletlerin iç işlerine karışmayı amaçladığı açıkça ortaya çıkmalıdır. Bu ahlaksızlık ve alçakça siyasi manipülasyon,

Milletler Cemiyeti ( ) kendi gayrimeşru çocuğu olan Birleşmiş Milletler'i (United Nations) doğurduğunda daha da utanmaz bir şekilde devam etti; Birleşmiş Milletler, 1948'de Filistin'i Siyonistlere vererek, çoktan unutulmuş olan eski ebeveyn Milletler Cemiyeti'nin 22. maddesinde somutlaşan "medeniyetlerin kutsallığına" şiddet uyguladı.

Arabistanlı Lawrence ve Mekke Şerifi, Türk Ordusu'nu durdurmak için savaşan Emir Hüseyin'e verilen İngiliz sözünün ihlal edilmesinden dehşete düştüler; çünkü Hüseyin, İngiltere'nin her zaman sözünü tuttuğuna dair Lawrence'ın vaatlerine inanmıştı.

Barış Konferansı'nda Arapları, Şerif Hüseyin'in oğlu Emir Feizal temsil etti. O, Albay Lawrence'ın komutası altında Arap birliklerine komuta etmişti ve İngiltere'nin Filistin konusunda Araplara verdiği taahhüt ve sözleri yerine getireceğine dair yazılı güvence veren McMahon-Hüseyin Antlaşması'nın imzacılarından biriydi.

İngilizce ve Fransızcayı tam olarak anlayamayan ve karanlık entrikalara ya da sözünden dönmeye alışkın olmayan Feizal, neler olup bittiğini kavrayamadı; öyle ki, Wilson'a başvurdu ve Wilson, durumu araştırmak üzere Filistin'e bir Amerikan heyeti, yani King-Crane Komisyonu'nu gönderdi.

King-Crane Komisyonu üyelerinin Wilson'a bildirdikleri şey şaşırtıcıydı: Filistin nüfusunun yüzde doksanı, Filistin'e herhangi bir Yahudi göçüne karşı çıkıyordu. Komisyon raporundan alıntı yaparsak:

> Böyle düşünen bir halkı sınırsız göç ve topraklarını teslim etmeleri için sürekli mali ve sosyal baskıya maruz bırakmak, az önce alıntılanan ilkelere ve halkın haklarına açık bir ihlal olacaktır; her ne kadar bu, en iyi niyetle uluslararası hukukun biçimleri içinde kalmış olsa da, Yahudilerin Hıristiyanlar ve Müslümanlar nezdinde Kutsal Yerlerin gerçek koruyucuları veya Kutsal Toprakların bir bütün olarak bekçileri olarak

görülebilecekleri şüphelidir.

Siyonistler raporu gömmekte kararlıydılar. Wilson, etrafını saran Siyonistlere boyun eğerek, Uluslar Cemiyeti ilkelerinden ödün verdi ve sahte bir "manda sistemi" "kendi kaderini tayin" maddesinin yerini aldı.

Milletler Cemiyeti'nin denetimi altında, Filistin için sahte bir "manda" İngilizlere verildi. Wilson'ın Avrupa dışı halkların "geri" doğasına olan inancı, onların manda sistemini kabul edeceklerine dair onu ikna etmişti. King-Crane Komisyonu raporu rafa kaldırıldı ve emperyalizm ile Siyonizm, mandalar kisvesi altında zafer kazandı. Komisyonun raporu ortadan kayboldu.

Rapor, ne *London Times*'ta ne de *New York Times'ta* yayınlandı; ne de Temsilciler Meclisi ve Senato gündemine alındı. Tekrar edelim, rapor ortadan kayboldu! Ancak "medeniyetin kutsal emaneti" için şans eseri, rapor Editor and Publisher adlı küçük bir yayında yayınlandı. Rapor nasıl ve neden "ortadan kayboldu"? Okuyucu, oldukça açık olan kendi sonuçlarını çıkarabilir.

> Yargıç Brandeis, Mandayı yöneten İngiliz yetkililerin Yahudileri kayırmadığını duyunca, biyografi yazarı Dr. de Haas eşliğinde derhal Filistin'e doğru yola çıktı. Kutsal Topraklara vardıklarında, bu haberlerin ne yazık ki doğru olduğunu gördüler. Dr. de Haas, İngiliz Başkomutan ile askeri ve sivil yardımcılarının Balfour Deklarasyonu'nu savaşın unutulmuş bir bölümü olarak gördüklerini yazdı. Amerikan Yüksek Mahkemesi yargıcı doğrudan Balfour'a gitti.

Ek bir not: Bir Amerikan Yüksek Mahkeme yargıcının, bir İngiliz yetkilisini, hem de bir Dışişleri Bakanı'nı azarlamak için Filistin'e gittiğini ve Filistin İdaresi'nin kınanmasını talep ettiğini vurgulamak istiyorum! ABD hükümetinin resmi olmayan, temsilci olmayan bir Amerikalıya bu yetkiyi kim vermişti? Brandeis, bu kibirli güç gösterisiyle, Filistin için

Siyonist politikaya karşı çıkan herkesi sindirdi.

> Birkaç saat sonra İngiliz Dışişleri Bakanlığı, Mısır ve Filistin'deki askeri yetkililere sadece Balfour Deklarasyonu'nun sözlü içeriğini değil, aynı zamanda konunun "chose-jugee" yani son derece güncel olduğunu da hatırlattı.
>
> Bir dizi Filistinli yetkili, arzu edilen görüşmeleri gerçekleştirmek için Albay Meinertzhagen'i aradı; açıkça Siyonist olan bu kişi Filistin'e gönderildi. Hiçbir protesto olmadı, çalkantılı siyasi sular hiç dalgalanmadı. Brandeis'in doğrudan eylem diplomasisi sonuç vermişti. (Dr. Jacob de Haas, Yargıç Brandeis'in biyografi yazarı)

Resmi bir hükümet statüsü ve resmi bir pozisyonu olmayan bir kişi, nasıl olur da Filistin ve İngiltere'ye gidip Siyonistlere itaat edilmesi gerektiğini talep etmeye başlayabilir? Belki de adımlarımı geriye doğru izleyip bazı ipuçlarını birleştirmeliyim.

Brandeis'in Balfour'u görmeye gittiğinde, Balfour'un hemen Lord Nathan Rothschild ile temasa geçtiği ve Rothschild'in, Balfour'un atmak istediği adımlara yeşil ışık yaktığı bir gerçektir. Bu nedenle, bana göre Filistin için Siyonist planların ilerlemesi ile Lord Rothschild arasında kesin bir bağlantı vardı ve bu bağlantı doğrudan Balfour'a, oradan da Brandeis'e uzanıyordu.

* Arapların öfkesi 1929'da şiddete dönüştü;

* Herod Tapınağı'nın Ağlama Duvarı üzerindeki haklar konusunda Yahudiler ve Araplar arasında çıkan tartışma, açık bir çatışmaya dönüştü;

* Hıristiyan Araplar, Yahudilere karşı Müslümanlarla birleşti.

> Bir İngiliz Komisyonu, bu ayaklanmaların, artan Yahudi çoğunluğuna ve işgalcilerin sistematik arazi edinimine karşı Arapların artan korkularından kaynaklandığını bildirdi.

Komisyon, göç ve arazi alımına kısıtlama getirilmesini tavsiye etti. Siyonistlerin itirazlarına rağmen, bu tavsiyeler kabul edildi. İngiliz Hükümeti, bulgularını 20 Ekim 1930'da "Beyaz Kitap" olarak bilinen bir yayında yayınladı... Kasım 1938'de İngiliz Hükümeti, bölünme önerisini geri çekeceğini ve Araplar ile Siyonistler arasında bir uzlaşma sağlamaya çalışacağını duyurdu. Araplar, ülkelerinin ellerinden çalındığı ve müzakerelerin, mülklerinin bir kısmını geri almak için bir hırsızla pazarlık yapmak gibi bir şey olduğu yönünde anlaşılabilir bir tutum sergiledi.

Araplar ve Yahudiler bir anlaşmaya varamadıklarında, İngilizler kendi başlarına bir çözüm bulmak zorunda kalacaklarını açıkladılar. 17 Mayıs 1939 tarihli Beyaz Kitabı'nda, Balfour Deklarasyonu'na ilişkin önceki yorumlarını, Araplara karşı İngiliz yükümlülüklerine aykırı olduğu gerekçesiyle reddettiler. İngiliz devlet adamları, Balfour Deklarasyonu'nun Araplara karşı haksızlığını, bu konuda pek bir şey yapmanın artık çok geç olduğu bir noktada şüphesiz fark ettiler. 1939 tarihli sözde MacDonald Beyaz Kitabı, 1917'deki hatayı düzeltmek için görünüşte samimi bir arzuydu. Balfour'un politikasını rasyonalize etmeye çalışan Beyaz Kitap, Filistin'deki Yahudi Vatanı'nın zaten var olduğunu ısrarla vurguladı. İngiltere'nin gelecekteki tutumuna dair hiçbir şüphe kalmaması için Beyaz Kitap şöyle ilan etti:

"Majestelerinin Hükümeti bu nedenle, Filistin'in bir Yahudi Devleti haline gelmesinin politikalarının bir parçası olmadığını kesin bir dille beyan eder. Filistin'deki Arap nüfusunun iradesine aykırı olarak bir Yahudi Devleti'nin tebaası haline getirilmesi, hem Mandat kapsamında Arap halkına karşı yükümlülüklerine hem de geçmişte Arap halkına verilen güvencelere aykırı olacaktır." Yahudilerin öfkesi sınır tanımadı. Bu konudaki yeni İngiliz politikası, özenle hazırladıkları planların bozulması anlamına geliyordu ve onlar, tartışmanın Beyaz Kitap ile sona ermesine izin verme niyetinde değillerdi. İngiliz hükümetine karşı, gerçekleri tamamen çarpıtan propaganda materyalleriyle desteklenen dünya çapında bir hakaret kampanyası başlattılar. Sonunda, Mandacı olarak Büyük Britanya'nın Filistin'de bir Yahudi Devleti kurmalarına asla izin vermeyeceği sonucuna varan Yahudiler, İngilizleri Beyaz Kitabı reddetmeye ya da Mandayı Birleşmiş Milletler'e devretmeye zorlamak için bir şiddet kampanyası başlattılar.

Siyonistler tarafından düzenli bir ordu modeline göre organize edilen Hagana seferber edildi ve saldırıya hazır hale getirildi. Irgun Zvei Leumi ve Stern Çetesi adlı iki terörist grup, İngiliz Mandası yetkililerine ve Filistin halkına karşı saldırıya geçti. Teröristler, Polonya ve Rusya'daki Hazar kardeşlerinin geleneklerini takip ederek suikastlar düzenlediler, bombalamalar yaptılar ve yağmaladılar. (Olivia Maria O'Grady)

BÖLÜM 18

Siyonistler Filistin'i ele geçiriyor

Daha fazla uzatmaya gerek yok, elimizde Siyonistlerin Filistin'e işgalinin tarihi var; bu işgal, üç savaşın, sayısız terör eyleminin ve kargaşanın temelini oluşturdu; Filistin'i ve Ortadoğu'yu saran ve tüm tarafların hakları adaletle tanınana kadar devam edecek olan barışsızlığın temelini oluşturdu. Ne yazık ki, Milletler Cemiyeti'nin yanılgısı, aynı derecede gayrimeşru bir oluşum olan Birleşmiş Milletler tarafından sürdürüldü.

8 Temmuz 1919'da, Rothschild'lerden aldığı emirleri yerine getiren Albay House'un emirlerini uygulayan Başkan Wilson, ülkesine döndü.

Wilson, bir zafer kahramanı gibi karşılanmayı bekliyorsa, ne yazık ki yanılmıştı. Wilson'ın yabancı şahsiyetlerin kontrolü altında olduğunun bir göstergesi, Paris'e yanında tek bir milletvekili bile, hatta kendi Demokrat Partisi'nden bir üye bile götürmemiş olmasından çıkarılabilir.

Danışmanları çoğunlukla Wall Street bankacıları ve Uluslararası Sosyalistlerden oluşuyordu. Paris gezisinin en tuhaf yönlerinden biri, kendisinin ve beraberindekilerin, hükümet dışı bir dizi iyi niyetli kişiden bir milyon dolardan fazla değerinde mücevher hediyeleri kabul etmeleriydi.

Başkan, Birleşik Devletler Senatosu'na Tek Dünya Hükümeti planını sunduğunda, üzerinde kopan siyasi fırtına, Amerika'nın daha önce hiç yaşamadığı bir şeydi. Muhtemelen Paris'teki görüşmeleri yöneten Almanya'ya karşı otoriter "tutum"dan etkilenen , Wilson, Senato'dan anlaşmayı sunulduğu şekliyle, hiçbir maddi değişiklik yapılmaksızın ve tartışmaya izin verilmeden onaylamasını talep etti.

Bu, Amerikan siyasetinde daha önce hiç denenmemiş şaşırtıcı bir gelişmeydi. Her şey, yalnızca Paris'te yapılan gizli kapalı oturumlara dayalı olarak ya hep ya hiç şeklindeydi. (Bu süreç devam ederken Alman heyeti bir hafta boyunca otellerinde tutuldu ve sürece hiç katılmadı). Wilson'ın diktatörce tavrına destek de yok değildi; bu destek, Fabian Topluluğu'nun Amerikalı bir üyesi olan Profesör Shotwell'den geldi; Shotwell, Senato'ya bir nevi acele edip Antlaşmayı onaylamasını söyledi.

Shotwell, Amerika Birleşik Devletleri'nin üst düzey paralel gizli hükümeti olan Dış İlişkiler Konseyi'nin (CFR) önde gelen bir üyesiydi. 1919'da özel olarak oluşturulan Federal Rezerv Yasası'nın başkanlığına atanan Senatör Robert Owen, artık Senato'ya sunulan Milletler Cemiyeti Antlaşması Raporu komisyonunun başkanlığını yürütüyordu.

Wilson'ın antlaşmasını destekleyen diğer isimler Eugene Delano, Thomas J. Lamont ve Jacob Schiff'ti. Lamont uzun süredir Fabian Sosyalist-Komünist sempatizanıydı ve Schiff daha sonra 1904–1905 Rus-Japon Savaşı'na ve Rusya'daki Bolşevik Devrimi'ne finansal destek sağlamıştı. Hepsi Rothschild ailesiyle akraba ya da bağlantılıydı.

En önemlisi, Schiff, Rothschildların finansal desteğiyle bankacılık kariyerine başlayan ve Rothschildların kurduğu bir Wall Street bankacısıydı.

19 Mart 1920'de Versay Antlaşması onay için Senato'ya sunuldu, ancak en başından itibaren güçlü itirazlar ortaya çıktı. Wilson'ın antlaşmanın "olduğu gibi" kabul edilmesi yönündeki talepleri, birçok senatörü öfkelendirdi; senatörler bir dizi değişiklik ve çekince önerdiler, ancak Wilson, Rothschildlar adına hareket eden Albay House' 'un tavsiyesi üzerine bunları kabul etmeyi reddetti. 19 Kasım'da Senato, Versay

Antlaşması'nı ( ) çekinceli ve çekincesiz olarak reddetti; antlaşmada ABD Anayasası'nın egemenliğine yönelik büyük tehlikeler ve yetkilerinin gasp edilmeye çalışıldığını gördü. Oylama 49'a 35 sonuçlandı.

Bir kez olsun, Albay House ve Rothschildlar kaybeden tarafta yer aldı. Wilson daha sonra olağanüstü bir şey yaptı; Almanya ile savaşın sona erdiğini ilan eden Kongre'nin ortak kararını veto etti! Bu noktada, geriye dönüp bir göz atmamız gerekiyor: I. Dünya Savaşı'nın öncesinde ve Wilson'ın Amerika'yı bu savaşa karıştırma girişimi sırasında, Wilson ve yönetimine karşı öfkeli sesler yükseldi.

Aslında, Amerikan halkının yüzde 87'si savaşa karşıydı, ancak Uluslararası Sosyalistler ve onların uluslararası bankacılarına karşı koyamadı. *Chicago Tribune gazetesi*, Amerika'nın savaşa girmesine karşı kararlı ve sert bir tavır sergiledi ve "Brandeis, Beyaz Saray'ı gizli telefon görüşmeleriyle yönetiyordu" diye ilan etti. Cyrus D. Eaton şöyle belirtti:

> Amerika, Dünya Savaşı'na girerek kendi itibarını zedeledi; daha sonraki yıllarda (1925) ise Yüzbaşı H. Spencer, "Democracy or Shylockcracy" adlı kitabında, Başkan Wilson'ın İngiliz MI6 sorumlusu Sir William Wisemen'in şu telgrafını aktardı: "Brandeis, Rothschild'i aradı." Yargıç Dembitz Brandeis şüphesiz Rothschildların kontrolü altındaydı. ABD Senatosu Versay Antlaşması'nı onaylamayı reddettikten çok sonra bile, anti-Amerikanizm sesleri hâlâ yüksek sesle duyuluyordu.

Örneğin, eski Belçika Dışişleri Bakanı Paul Hymens şöyle demiştir:

> "Amerika antlaşmayı onaylamayı reddetti ve onun adına Avrupa'ya giden adamı geçersiz saydı." (*The New York Evening Post*, 16 Temmuz 1925)

Bu, Başkan Wilson'ın karakteri açısından yeni bir şey değildi. Wilson, Colonel House aracılığıyla Rothschildların yoğun baskısı altında ABD'yi I. Dünya Savaşı'na sokmak için tanıdığı her siyasi gücü harekete geçirirken, ABD Kongresi'nden bir yasayı zorla geçirerek, Fransa'da savaşmak üzere gönderilecek Eyalet Milislerini seferber ederek ABD Anayasasına ağır ve şiddetli bir şekilde saldırmıştı.

Bu, bana göre, Amerikan tarihindeki en kötü ABD Anayasası ihlallerinden biridir; çünkü Wilson, görev yeminini hiçe sayarak ne kadar büyük bir hata yaptığını tam olarak bilerek, Anayasa'ya aykırı bir şekilde hareket etmişti.

Ancak, Araplara ve Filistinlilere karşı işlenen suçları bir kenara bırakarak, Wilson'ın Amerikan halkına karşı işlediği korkunç suçun ayrıntılarına girmeden önce, Wilson'ın kontrolörü ve alter egosu olan Albay Mandel House hakkında şimdiye kadar bilinmeyen bazı gerçekleri aktarmak istiyorum; çünkü bu gizemli ve ürkütücü adam, ABD tarihinde çok büyük ve gölgeli bir rol oynadı, ayrıca Rothschild ailesinin yakın bir dostuydu.

Edward Mandel House, Thomas William ve Elizabeth (kızlık soyadı Shearn) çiftinin oğluydu. House, 1837'de Amerika Birleşik Devletleri'ne göç etmiş ve Teksas'a yerleşmişti; burada pamuk endüstrisine girmiş ve Rothschildlar adına bankacılık işine başlamıştı.

Büyük House, her zaman Rothschildların güvenilir temsilcisi olarak hareket etmişti. Edward, Cornell'de eğitim gördü ve resmi bir görevi olmamasına rağmen Teksas Valisi'nin danışmanı oldu; bu kariyeri Wilson yönetiminde de devam etti.

Teksas Eyaleti, genç House'a fahri albay unvanı verdi; House, olağanüstü kariyeri boyunca bu unvana sıkı sıkıya sarıldı. Teksas Eyaleti'nin Edward House'a neden bu ayrıcalığı tanıdığına dair herhangi bir ipucu yoktur.

1900'lerin ilk yarısında Rothschildlar, bankacıların siyaseti ve politikacıları nasıl kontrol ettiklerini öğrenmesi için House'u Avrupa'ya gönderdi. Amerika'ya döndüğünde, House Demokrat siyasetinin yol göstericisi oldu ve Demokrat Parti'nin başkan adayı olarak Woodrow Wilson'ı seçen kişi de oydu.

House, Wilson'ın seçimi kazanmasındaki başarının büyük ölçüde sorumlusuydu ve ardından onun politikalarını, özellikle de dış politikasını geliştirdi. Konuyla ilgili bazı gerçek otoriteler, ABD Anayasası bir Merkez Bankası'nı yasaklamasına rağmen, House'un Federal Rezerv Bankaları'nın kurulması için Rothschildların emirlerinin aracısı olduğuna inanmaktadır.

Bu nedenle, House'un Amerika Birleşik Devletleri'nin çehresini sonsuza dek değiştiren ve kurucu babalar ile sonraki neslin neredeyse iki yüz yılda inşa ettiklerini birkaç yıl içinde yok eden kanunsuz bir Federal Hükümete yol açan yirmi beş kader belirleyici yıla başkanlık ettiği rahatlıkla söylenebilir.

Wilson, Uluslararası Sosyalist Tek Dünya Hükümeti içindeki Yeni Dünya Düzeni'nin itici gücü ve lideri olarak, daha sonra Amerika Birleşik Devletleri İmparatorluğu haline gelecek olan yapının fiili imparatoru statüsünü üstlenen ilk ABD Başkanıydı.

BÖLÜM 19

Rothschildlar Amerika'da bir merkez bankası kuruyorlar

Rothschild Hanedanlığı'nın himayesi altında Avrupa'da köklü değişiklikler yaşandı; bunlardan belki de en önemlileri şunlardı:

* Avrupa hükümdarlarını devirmek için Rothschildlar tarafından seçilen ajan olarak I. Napolyon'un yükselişi;

* Romanov Hanedanlığı'nın çöküşü ve Hıristiyan Rusya'nın Bolşevik Komünistler tarafından yok edilmesi;

* Soykırım niteliğindeki Anglo-Boer Savaşı, 19·yüzyılın başında yaşanan ve hasır altı edilen en önemli savaştı.

Bu en köklü değişikliklerin, Rothschild Hanedanlığı'nın yönlendirici eli ve bu amaç için ayrılan muazzam mali kaynaklar olmasaydı gerçekleşemeyeceğine ve gerçekleşmeyeceğine inanıyorum.

Bolşevik öncesi Rusya'daki olaylara geçmeden önce, Rothschild'ların dünyanın en büyük altın ve elmas yataklarını ele geçirmek için Güney Afrika'ya müdahale etmesine yol açan ve 1899–1903 İngiliz-Boer Savaşı'na neden olan olayların tarihçesini ele alacağım.

1830'larda, Cape bölgesindeki çiftçiler (Boerlar olarak bilinenler), "Büyük Göç" olarak anılacak olan olayda, geniş ve ıssız iç bölgelere doğru ilerlediler. İngilizlerin hayatlarına müdahalesinden, özellikle de kölelerin azat edilmesinden öfkelenmişlerdi. Sığır arabalarıyla, çoğu zaman engebeli dağları aşarak bin mil yol kat ederek büyük zorlukları aştılar ve daha sonra Orange Özgür Devleti ile Transvaal Cumhuriyetleri olacak olan çorak topraklara yerleştiler.

Büyük elmas ve altın yatakları keşfedildiğinde, bu çorak topraklar hemen Rothschildlar tarafından gözüne kestirildi ve onlar, mülkiyet ve kontrolü kendi adlarına bağlamak üzere Cecil John Rhodes'u temsilci olarak gönderdiler. 1898'de, Rothschildların Güney Afrika'daki temsilcisi Rhodes, Lord Rothschild'dan elmas madenlerindeki Fransız hisselerini satın almasını talep etti ve böylece Rothschildların tam kontrolü için zemin hazırladı.

İngiliz Hükümeti, Griqualand West (elmas yataklarının bulunduğu yer) olarak bilinen Orange Free State bölgesini "ilhak etti" ve üç yıl sonra Transvaal'ı ilhak etti; ancak her iki durumda da bu topraklar üzerinde hiçbir yasal veya meşru hakları yoktu; bu taktiği 1917'de Filistin'de de tekrar kullanacaklardı. (Balfour Deklarasyonu)

Cecil Rhodes, Boer Savaşı'nın baş kışkırtıcısıydı. Doğudan batıya 200 mil boyunca uzanan zengin damarlara sahip muhteşem altın yatakları, Rothschildların elde etmeye kararlı olduğu parlak bir ganimetti. Boerler, Kraliçe Victoria'nın Orange Free State ve Transvaal Cumhuriyetleri üzerindeki sahte hak taleplerini tanımayı reddettikçe, İngiltere ile sürtüşme yaygın hale geldi.

Starr Jameson komutasındaki 600 silahlı adamın, Başkan Paul Kruger'in Boer hükümetini devirmek amacıyla düzenlediği baskın, açık bir provokasyondu.

Bu, İngiliz hükümetinin altın ve elmas yataklarını ele geçirme hedefine ulaşmak için Rhodes'un entrikalarının başarısızlıkla sonuçlanmasının ardından 1899'da patlak veren İngiliz-Boer

Savaşı'nın öncüsü oldu.

Boerler, Hollandalı, İrlandalı, İskoç, İngiliz ve Alman kökenliydi. Afrika'nın en güney ucu olan ve "Cape" olarak bilinen bölgeye göç etmişlerdi; burada önce Hollandalılar, ardından da İngilizler, Uzak Doğu ile Avrupa arasında ticaret yapan gemileri için yakıt, gıda ve tatlı su istasyonu kurmuştu. Daha sonraki yıllarda Cape Town olarak bilinen bu bölgede, Hollanda yönetimi altında gelişen bağımsız bir topluluk kuruldu.

O dönemde, Zambezi Nehri'nin güneyinde, Cape ile kuzeydeki Zambezi Nehri arasındaki geniş ve ıssız iç bölgede hiç siyah (Bantu) insan yoktu. Sadece birkaç göçebe "Hottentot" — Bantu olmayan, Moğol tipi bir halk — Cape'in deniz kıyısında yaşıyor ve sahilde çöp toplayarak ve çöp karıştırarak geçimini zorlukla sağlıyordu. Kısa sürede Hollanda Doğu Hindistan Şirketi'nin sebze bahçelerinde işçi oldular. Ancak İngilizler Cape yerleşimini işgal etti ve Londra'daki İngiliz Doğu Hindistan Şirketi (BEIC) afyon ticaret şirketi altında kendi yönetimlerini kurdu.

Bu talihsiz başlangıçtan sonra, Hollandalıların da entegre olduğu, gelişen ve hareketli bir topluluk ortaya çıktı. İngiliz işgalinden sonra, Londra'daki BEIC, Hollandalı topluluğun iç işlerine ciddi şekilde müdahale etmeye başladı.

O zamanlar "Boer" (çiftçi) olarak anılan Hollandalılar, Cape'i terk etmek için bir plan yapmaya başladılar ve kuzeydeki geniş, ıssız ovalara "trekked" (yolculuk) ettiler. Uzun yolculuğun ardından Boerler, Orange Free State Cumhuriyeti ve Transvaal Cumhuriyeti adını verdikleri ıssız topraklara vardılar ve buraya yerleştiler. Boerlerin geçtiği binlerce mil karelik arazide, Zambezi'nin kuzeyinde yaşayan Bantu ırklarının bulunmadığını vurgulamak istiyorum. Yaygın tarih anlatımının aksine, Boerler Transvaal ve Orange Free State'i Bantu'lardan almadılar.

Şimdiye kadar bilinen en zengin altın yatağının keşfi, Rhodes'u sahneye çıkardı ve o andan itibaren Kraliçe Victoria, yeni cumhuriyetler üzerinde asılsız hak iddiasını ileri sürmeye başladı. Victoria, Tanrı korkusu olan Paul Kruger'in barış tekliflerini reddettikten sonra savaş kaçınılmaz hale geldi.

Kraliçe Victoria savaşa kararlıydı ve 1899'da İngiliz Hükümeti ilk asker birliklerini gönderdi; bu birlikler 1901'de 400.000 kişilik muazzam bir güce ulaşacaktı. Bu, sahada hiçbir zaman 80.000 kişiden fazla olmayan, çoğu on dört yaşında, en yaşlısı yetmiş beş yaşında olan bir gerilla gücünü yenmek içindi.

Boerlerin destansı mücadelesi, büyük ve zorba hükümetler tarafından tehdit edilen tüm ülkeler için bir örnek olmalıdır. Neredeyse üç yıl boyunca çiftçi-askerler savaştı ve İngiliz Ordusu'nun gururunu yenilgiye uğrattı.

Boerler, Lord Kitchener ve Rothschildların hizmetkarı Alfred Milner tarafından kurulan insanlık dışı toplama kamplarında 27.000 kadın ve çocuklarının ölümünden sonra savaşı sona erdirmeyi kabul ettiler. Sığırları katledilmiş, çiftlikleri yakılıp kül olmuş ve intikamcı Lord Milner'ın soykırım politikalarının sonucu olarak kadın ve çocukları binlerce kişi ölmüş olan Boer savaşçıları, savaş alanından çekilip silahlarını bırakmak zorunda kaldılar.

Mücadele boyunca Rhodes, efendileri Rothschild'lara her şeyi ayrıntılı olarak bildirdi ve onların talimatlarını harfiyen yerine getirdi. Bugün, N. M. Rothschild hala Londra'dan altın ticaretini kontrol etmektedir. Rhodes, Britanya İmparatorluğu'nun dünyadaki en güçlü siyasi, ekonomik ve askeri güç olduğu bir dönemde faaliyet gösteriyordu; ancak Boerler, kazanamayacaklarını bildikleri bir savaşta İmparatorluğa karşı çıkmaktan çekinmediler ve şaşırtıcı bir cesaret, kararlılık ve kahramanlıkla savaştılar.

Britanya İmparatorluğu, Pers, Asur, Babil ve Roma İmparatorlukları gibi, "hükümdarlıklarının" varlıklarını yağmalamak ve bu görevi yerine getirmek için sakinlerini adeta köle gibi çalıştırmak üzerine kurulu ikiz sütunlar üzerine inşa edilmişti.

İngiltere'nin "asil" ailelerinin kökeni, Venedik ve Ceneviz Kara Asaletine ve bu şehir devletlerinin büyük bankacı ailelerine kadar uzanıyordu. Onlar, " " propagandasının ustalarıydılar ve Boer Savaşı ile Birinci ve İkinci Dünya Savaşlarında en başarılı silahları olan bu yeteneklerini hiç kaybetmediler. Hükümetin arkasında bankacılık aileleri duruyordu ve bunların arasında Rothschild bankaları en güçlü ve en etkili olanlardı. Bazı tarihçiler, Güney Afrika'dan elde ettikleri servetin "Rothschild'ları zengin yaptığı" inancını savunmuşlardır.

Bu görüşe katılmıyorum. Rothschildlar, aldatma ve kurnazlık ustası, Hıristiyanlığı nefret eden temsilcileri Cecil John Rhodes, Güney Afrika'nın altın ve elmas hazinelerini Rothschildların tekeli haline getirmeden çok önce, inanılmaz derecede zengindi. Londra'daki British Museum'da incelediğim belge ve evraklardan, Mayer Amschel'in ölümünden kısa bir süre önce servetinin dünyanın en zengin adamlarının toplam servetini aştığı açıktı.

Rothschild servetinin tam boyutu hiçbir zaman açıklanmadı, ancak bilindiği kadarıyla astronomik bir hızla büyüdü.

Amschel paranın gücünü biliyordu ve gizlilik felsefesini taklit eden yaşlı John D. Rockefeller gibi, Mayer de gizliliğin başarı için hayati önem taşıdığını biliyordu. Yahudilerin Tanrı'nın seçilmiş halkı olduğuna dair dini inancı hiçbir zaman sarsılmadı ve bu inancını hem kamusal hem de özel her fırsatta açıkça sergiledi. Rothschild servetine dair bir fikir vermek amacıyla aşağıdakileri aktarıyorum:

> Oğlu Lionel, Prens Consort ve Disraeli'nin dostu ve danışmanıydı; Disraeli'nin Sidonia in Coningsby adlı eseri, onun (az da olsa gizlenmiş) ideal bir portresidir...
>
> Yahudilerin İngiltere'de kamu görevlerinde bulunmasına izin veren engellilik yasasının çıkarılmasını sağladı. , İngiliz

> hükümetine İrlanda kıtlığı kredisi (yaklaşık 40.000.000 dolar) ve Kırım Savaşı (yaklaşık 80.000.000 dolar) için para sağladı ve yirmi dört yıl boyunca Rus hükümetinin temsilcisi olarak görev yaptı.
>
> Amerika Birleşik Devletleri'nin ulusal borcunun başarılı bir şekilde finanse edilmesinde büyük payı vardı, Süveyş Kanalı hisselerinin derhal satın alınması için fon sağladı; ayrıca Fransa'nın Almanya'ya ödeyeceği tazminatın ödenmesini kolaylaştırmada, Avusturya İmparatorluğu'nun maliyesini yönetmede ve 8.500.000 sterlinlik (yaklaşık 40.000.000 dolar) Mısır kredisinde aktif rol oynadı. (*The Jewish Encyclopedia*, Cilt 10, sayfa 501–502)

Lionel'in veya diğer aile üyelerinin servetinden bağımsız olan Jacob (James) Rothschild'in serveti, yazar Armstrong'a göre, ölümünde tarihçiler tarafından 200 milyar dolar olarak tahmin edildi...

> "Ancak bu sadece bir tahmindi, çünkü mirasının envanteri dosyalanmamıştı."

Elbette bu, Amschel'in belirlediği ilkelerden biri olan gizliliğin korunması ilkesine uygundu. Her şeyden önce, Rothschildlar her zaman savaşların finansmanında yer aldılar.

Hymym Solomon (Haim olarak da bilinir) Amerikan Devrimi'nin finansmanında yer aldı. Seligman Brothers ve Speyer and Company, İç Savaş'ta Kuzey'i, Messrs Erlanger ise Güney'i finanse etti. Daha yakın zamanda, demiryolu finansmanındaki büyük gelişmede Kuhn, Loeb and Company firması önemli bir rol üstlendi.

Her ne kadar açıkça ifade edilmese de, o dönemin bankacılığı hakkında biraz bilgisi olan herkes için, Rothschildların Kuzey ve Güney'i paravan kişiler ve paravan bankalar aracılığıyla finanse ettikleri açıktır. Rothschildların servetine dair çeşitli tahminler vardır ve belki de diğerlerinden daha iyi bilen biri olan Kont Cherep-Spiridovich , onların sadece I. Dünya Savaşı'ndan 100 milyar dolar kazandığını tahmin etmiştir.

Tarihçi John Reeves, *The Rothschilds: Financial Controllers of Nations (Rothschildlar: Ulusların Mali Kontrolörleri)* adlı kitabında Rothschildların başarılarını iyi bir şekilde anlatmaktadır:

> Mayer, yıllar sonra oğullarının 'de, ulusların barışının onların onayına bağlı olacak kadar sınırsız bir nüfuz sahibi olacağını; Avrupa para piyasaları üzerinde uyguladıkları güçlü kontrolün, bir seferi sürdürmek için gerekli maddi imkânları istedikleri zaman sağlayıp ya da esirgeyebilecekleri için, barış ve savaşın hakemleri olarak davranmalarını sağlayacağını tahmin edemezdi.
>
> Ancak bu, inanılmaz görünse de, muazzam servetleri ve sınırsız kredileriyle birleşen geniş etkilerinin onlara sağladığı bir şeydi; çünkü onlara uzun süre karşı koyabilecek kadar güçlü ya da Rothschildların reddettiği bir işi üstlenecek kadar pervasız hiçbir firma yoktu.

Kısa bir açıklama notu: Rothschildlar, sadece hayalî ya da gerçek bir yanlışlık nedeniyle belirli bir ulusu veya şirketi cezalandırmak için, sağlam olsa bile bir teklifi reddedebiliyorlardı. Rothschildların reddettiği işi başka bir bankacı üstlenirse, cezaları gecikmezdi.

BÖLÜM 20

Rothschildların parasıyla çalışan yozlaşmış milletvekilleri tarafından çiğnenen ABD Anayasası

Bu soru bana sık sık sorulmuş ve ben de sık sık karşılaşmışımdır:

> "Merkez bankasını yasaklayan, ülkenin en yüksek hukuku olan Anayasası varken, ABD nasıl oldu da sonunda Anayasayı tamamen ihlal eden böyle bir merkez bankasına sahip oldu?"

Bu soruyu cevaplamak için binlerce sayfalık açıklamalar gerekir, ancak aşağıdaki kısa özetinde, Federal Rezerv Bankalarının Amerikan halkına nasıl zorla kabul ettirildiğine dair bir ipucu vermeye çalışacağım.

İlk olarak, Federal Rezerv Bankası, ABD Hükümeti'ne değil, isimsiz hissedarlara ait olduğu için "Federal" değildir. Basitçe söylemek gerekirse, federal hükümet kurumu kılığına girmiş özel bir bankadır.

Bu nedenle, Amerikan halkına karşı sorumlu değildir; bunun kanıtı olarak, bir devlet bankası olsaydı yasaların gerektirdiği şekilde devlet denetçileri tarafından hiçbir zaman denetlenmemiştir. Temsilciler Meclisi Bankacılık Komitesi Başkanı büyük Louis T. McFadden, bir keresinde Meclis kürsüsünden şöyle demiştir:

> ... Federal Rezerv bankacılık sistemi, tarihin en büyük dolandırıcılığıdır, Amerikan halkına karşı işlenmiş bir

sahtekarlıktır.

10 Haziran 1932 Cuma günü, Temsilciler Meclisi'nde Federal Rezerv Bankası hakkında yapılan bir tartışmada, cesur McFadden şöyle demiştir:

> Sayın Başkan, bu ülkede dünyanın şimdiye kadar gördüğü en yozlaşmış kurumlardan biri bulunmaktadır. Federal Rezerv Kurulu ve Federal Rezerv bankalarından bahsediyorum. Bir devlet kurumu olan Federal Rezerv Kurulu, ABD hükümetini ve ABD halkını, ulusal borcu ödeyecek kadar paradan mahrum bırakmıştır. Federal Rezerv Kurulu ve Federal Rezerv bankalarının birlikte gerçekleştirdiği yağma ve haksızlıklar, bu ülkeye ulusal borcun birkaç katını ödeyecek kadar paraya mal olmuştur.
>
> Bu kötü kurum, Amerika Birleşik Devletleri halkını yoksullaştırmış ve mahvetmiştir; kendisi iflas etmiş ve hükümetimizi de fiilen iflasa sürüklemiştir. Bunu, faaliyet gösterdiği yasanın kusurları, Federal Rezerv Kurulu'nun bu yasayı kötü yönetmesi ve onu kontrol eden paralı akbabaların yozlaşmış uygulamaları yoluyla başarmıştır. Bazı insanlar Federal Rezerv Bankalarının Amerika Birleşik Devletleri hükümeti kurumları olduğunu düşünür. Bunlar hükümet kurumları değildir. Bunlar, kendilerinin ve yabancı müşterilerinin, yabancı ve yerli spekülatörlerin ve dolandırıcıların, zengin ve yağmacı tefecilerin yararına Amerika Birleşik Devletleri halkını sömüren özel kredi tekelleridir. Bu karanlık finans korsanları çetesinde, bir adamın cebinden bir dolar almak için boğazını kesebilecek kişiler vardır...
>
> 12 özel kredi tekeli, Avrupa'dan buraya gelen ve misafirperverliğimize karşılık Amerikan kurumlarımızı baltalayarak ihanet eden bankacılar tarafından aldatıcı ve sadakatsiz bir şekilde bu ülkeye dayatıldı. Bu bankacılar, Rusya'ya karşı bir savaşı finanse etmek için bu ülkeden para çıkardılar. Bizim paramızla Rusya'da bir terör rejimi kurdular... New York'ta Troçki'nin hoşnutsuzluk ve isyan dolu kitlesel mitinglerini finanse ettiler. Troçki'nin New

York'tan Rusya'ya yolculuk masraflarını karşıladılar, böylece o da Rus İmparatorluğu'nun yıkılmasına yardımcı olabilsin diye. Rus devrimini kışkırttılar ve tetiklediler ve İsveç'teki bankalarından birinde Troçki'nin emrine büyük miktarda Amerikan doları aktardılar. Başkan Wilson'ın bu bankacıların ilgisi ve takındıkları hayırsever tavırları tarafından aldatıldığı söylenmiştir. Albay House tarafından nasıl yanıltıldığını anladığında, bu işgüzar, finans imparatorluğunun o "kutsal keşişi"ne sırtını döndüğü ve onu kapı dışarı ettiği söylenir. Bunu yapma nezaketini gösterdi ve bence bu konuda büyük övgüyü hak ediyor.

1912'de, merhum Senatör Nelson Aldrich'in başkanlığındaki Ulusal Para Birliği bir rapor hazırladı ve Ulusal Rezerv Birliği tasarısı adı verilen kötü niyetli bir tasarı sundu. Bu tasarı genellikle Aldrich tasarısı olarak anılır.

O, yaklaşık 20 yıldır bu ülkede bir merkez bankası kurmak için entrikalar çeviren ve 1912'de amaçlarına ulaşmak için büyük meblağlar harcayan ve harcamaya devam eden Avrupa kökenli bankacıların bir aracıydı, ancak suç ortağı değildi.

... Albay House'un arkasında duran o uğursuz Wall Street figürlerinin himayesi altında, özgür ülkemizde bizi tepeden tırnağa kontrol etmek ve beşikten mezara kadar zincirlemek için "kralın bankası" adlı çürümüş monarşik kurumu kurdular. Federal Rezerv Yasası, eski ve karakteristik iş yapma biçimimizi yok etti...

Bu yasa, Anayasa'nın mimarlarının bizi kurtarmaya çalıştığı tam da o zulmü bu ülkeye dayattı.

Ülkenin uyarıldığı tehlike başımıza geldi ve bu, hain ve dürüst olmayan Federal Rezerv Kurulu ile Federal Rezerv Bankalarının işlerine eşlik eden uzun bir korku dizisinde kendini gösterdi... Aldrich tasarısı, New York'taki Avrupa kökenli bankacılar tarafından oluşturuldu. Bu, Reichsbank ve diğer Avrupa merkez bankalarının bir kopyası ve genel olarak bir çevirisiydi." (Özellikle İngiltere'deki Bankası)

> (Temsilciler Meclisi Kongre Kayıtları, Kongre Üyesi Louis T. McFadden'ın Konuşma Toplamı'ndan)

15 Haziran 1933 Perşembe günü, McFadden, Amerika Birleşik Devletleri Anayasasını açıkça ihlal eden bir merkez bankasının Amerika'ya dayatılmasına karşı bir kez daha savaşmaya gitti. Temsilciler Meclisi'nde konuşan McFadden, yabancı bankacıların Amerikan halkının parasını ve kredisini ele geçirmesinden şikayet etti ve Rothschildların ajanı olduğunu söylediği Jacob Schiff'e odaklandı:

> Ayrıca, J.P. Morgan and Co. şirketinin bir üyesi olan ve anladığım kadarıyla Rothschildların çıkarlarını temsil eden Bay George Blumenthal'ın kayınbiraderi olan Bay Mayer'e de sert çıkıştı... Şunu gayet açık bir şekilde belirtmek istiyorum ki, Bay Mayer'i Federal Rezerv sisteminin başına getirerek, sistemi tamamen bu uluslararası finans grubuna teslim ediyorsunuz.

ABD, Federal Rezerv Bankası sisteminin köleliğine nasıl zorlandı? Cevap aslında oldukça basit:

Bu, Rothschildların para gücü ve ABD Temsilciler Meclisi ve Senatosunda, zenginlik ve rahat bir yaşam karşılığında ruhlarını satmaya hazır bir grup hain aracılığıyla gerçekleştirildi. Bu tür insanlar her ülkede bulunur ve onların ihanetine karşı önlem almanın bir yolu yoktur. Onların rezil eylemleri, acı bir hasat vermeye devam ediyor. August Belmont'un, Rothschildların ABD'nin para ve kredi kontrolünü ele geçirmesini mümkün kılacak politikacıları kontrol altına almak amacıyla ABD'ye giriş yaptığı gerçeğini ortaya çıkarmaya cüret ettiği için McFadden öldürüldü.

Hayatına üç kez suikast girişiminde bulunuldu; biri başarısız olan bir silahlı saldırı, ikisi ise zehirleme girişimi idi ve sonuncusu bu büyük ve cesur Amerikalıyı öldürdü. Katilleri hiçbir zaman bulunamadı ve adalet hâlâ yerini bulmadı.

Böylece büyük bir Amerikan Hıristiyan vatansever susturuldu, tarif edilemez bir iğrençlik işlendi ve Amerikan halkına finansal kölelik dayatıldı. ABD Temsilciler Meclisi ve Senatosundaki halkın seçilmiş temsilcileri, Anayasa'ya karşı Uluslararası Sosyalizmin saldırısını yöneten uluslararası bankacıların yıkımlarından Amerika'yı korumak ve muhafaza etmek için yeminlerine sadık kaldıkları sürece, özgürlüğün nimetleri Amerikan halkının olacaktır.

Ancak temsilcilerimiz uluslararası bankacıların para gücüne boyun eğip kendilerini Rothschild'ların para gücünün sunağında fahişeye dönüştürdükleri zaman, biz halk olarak özgürlüğümüzü ve Anayasa'nın garanti ettiği haklarımızı kaybetmiş olacağız.

Federal Rezerv Yasası, Anayasa'ya karşı vurulmuş yıkıcı bir darbe, bir zamanlar özgür olan Amerikan halkının tabutuna çakılan bir çivi daha oldu. Federal Rezerv Yasası, Anayasa'nın tamamen yok edilmesiyle sonuçlanacak bir yolun ilerlemesiydi. Rothschild'ların hizmetkarlarından biri olan Lord Bryce, Anayasa tarafından Amerikan halkına garanti edilen Cumhuriyetçi hükümet biçimini yok etmenin elli yıl süreceğini söyledi. Lord Bryce şunu öngördü:

> Anayasanın korunması için sağlanan güvenlik, sabah sisi gibi yok olacak.

Bu, sahte tanıklıklarla Belçika'daki Alman zulmü hakkında utanmaz yalanlar yayınlayarak Amerika Birleşik Devletleri'ni Birinci Dünya Savaşı'na sürükleyen Lord Bryce'ın ta kendisidir.

Avrupa'nın önde gelen bankalarının kontrolünü ele geçirip, kıta ve İngiltere'deki her hükümetin ilk başvuru kaynağı haline gelen Rothschildlar, daha sonra İngiltere Merkez Bankası'nın kontrolünü de ele geçirdiler. Bu gerçeği gizlemek için, bankanın hissedarlarının isimlerinin asla kamuoyuna açıklanmaması kararlaştırıldı:

> Bu güç, önce Britanya İmparatorluğu'nda, ardından da belirtildiği üzere diğer ülkelerde altın standardının

> kurulmasına yol açtı. Merhum Lord Rothschild'in altın temsilcisi ve başkanı olduğu İngiltere Merkez Bankası'nda kontrol hissesini ele geçirdiler.
>
> İngiltere Merkez Bankası, onların birçok paravanından biridir. Şüphesiz, diğer çoğu merkez bankasında da kontrol hissesi ellerindedir. Başından beri Rothschild hükümdarlarının temel ilkelerinden biri olan gizliliğe sıkı sıkıya bağlı kalarak, İngiltere Merkez Bankası hissedarlarını açıklamayı reddediyor...
>
> Onlar [Rothschildlar], I. Dünya Savaşı'ndan hemen önce, bankacılık sistemlerimizi değiştirmek üzere temsilcileri olarak ajanlarından biri olan Paul Warburg'u Amerika'ya gönderdiler.
>
> J. P. Morgan and Co. ve Kuhn, Loeb and Co. gibi özel bankaların sahibi ve kontrolörü olarak, New York'taki başlıca ulusal bankaları ve tröst şirketlerini sahiplendiler ve kontrol ettiler, ve bunlar aracılığıyla New York Federal Sistemini kontrol ettiler... Kredinin genişlemesini ve daralmasını istedikleri gibi kontrol edebilmek için, dolaşımdaki para hacmini istedikleri gibi artırma veya azaltma yetkisine sahip bir üst otoritenin olması şarttır.

Rothschildların rejiminden önce bu yetki, o zamanlar en üst otorite olan dünya kralları ve imparatorlarında bulunmaktaydı. Ülkemizde (Amerika Birleşik Devletleri) Ulusal Anayasamız bu yetkiyi (yalnızca) Amerika Birleşik Devletleri Kongresi'ne vermiştir... Rothschildların etkisi altında, dünyanın bankacılık sistemleri kökten değişmiştir. Para basma ve kredi verme konusunda en yüksek yetki, çeşitli hükümetler tarafından kendi ülkelerindeki bankacılara devredildi. İngiltere Merkez Bankası, dünyadaki diğer merkez bankaları için bir model haline geldi. Federal Rezerv Sistemi'nin kurulduğu sırada, dolaşımdaki para miktarını basma ve kontrol etme egemenlik hakkını kullanıyormuş gibi davranan tek önemli hükümet bizimkiydi. Federal Rezerv Sistemi'nin kurulması, Amerikan halkının ulusal Anayasa'sı tarafından kendilerine garanti edilen, Kongre temsilcileri aracılığıyla değerleri düzenleme egemenlik gücünün bankacılık camiasına tamamen teslim edilmesine yol açtı.

1907 paniği, diğer tüm paniklerimiz gibi, manipüle edilmiş bir paniğiydi. Bu, New York Merkez Bankası'nın ülke bankalarındaki mevduat sahiplerine nakit ödemeyi reddetmesiyle ortaya çıktı; bu da, bu bankaların mevduat sahiplerine nakit ödemeyi reddetmelerini zorunlu kıldı. Dolayısıyla, bu durum öncelikle dolaşımdaki nakit miktarının yetersizliğine ve arzı artırmak için kullanılan yöntemin yetersizliğine bağlıydı.

Bankacılık ve para sistemimizin reformu için yürütülen kampanyanın ortasında (panikle sonuçlanabilecek daha fazla manipülasyonu önlemek amacıyla), Alman asıllı bir Yahudi olan Paul Warburg, Rothschild ailesinin asıl vatanı olan Frankfurt am Main'dan Amerika'ya göç etti. O zamanlar, buraya geldiğinde Rothschild ailesinin Amerikan şubesi olan New York'taki Kuhn, Loeb and Company'nin bir üyesiydi.

Aşağıda, Aralık 1918 tarihli Deniz Gizli Servisi'nin onunla ilgili raporu yer almaktadır:

> "Warburg, Paul, New York City, Alman; 1911'de Amerikan vatandaşlığına kabul edildi, Kaiser tarafından madalya ile onurlandırıldı; Amerika Birleşik Devletleri Federal Rezerv Kurulu başkan yardımcısıydı, zengin ve nüfuzlu bir bankacıdır; Almanya'nın Lenin ve Troçki'ye sağladığı büyük meblağları idare etti; söz konusu kişinin, Almanya'nın casusluk sisteminin lideri olan bir kardeşi vardır."

Federal Rezerv Sistemi, Rothschildların eseridir ve benimsenmesi, onların hedeflerine ulaşmak için her zaman kullandıkları aynı gizli ve aldatıcı yöntemle sağlanmıştır. Paul Warburg, açıkça bankacılık ve para sistemimizi reform etmek için Amerika'ya gelmiştir ve o ve Rothschild çıkarları, yaklaşık üç yıl sonra gerçekleşmesine rağmen, dünya savaşını [Birinci Dünya Savaşı 1914–1918] önceden tahmin etmişlerdir.

Bu, Amerikan halkının başına gelen en büyük felaketin iğrenç hikayesidir. Ardından, refahımız ve mutluluğumuz üzerinde tam bir Rothschild hakimiyeti için Jeroboam Rothschild ve haleflerine teslim olduk. Bundan önce, büyük etki, onun Morgan and Co. ve Kuhn, Loeb and Co. bankaları ve bunların bağlı iştirakleri aracılığıyla sağlanıyordu, ancak artık onun otoritesi mutlak ve sınırsız hale geldi. Bu teslimiyet, tüm dünya halklarının ekonomisi üzerindeki kontrolünü mükemmelleştirdi.

(Emmanuel Josephson, *Rothschild Money Trust,* sayfa 36, 40, 41, 132, 134 ve 1600)

BÖLÜM 21

Rothschildlar

Rothschildların ABD'nin kredi ve para arzını cüretkar bir şekilde ele geçirmesinin bu kadar şaşırtıcı olan yanı, bunun, merkez bankası kurulmasını yasaklayan ABD Anayasası'ndaki katı hükümlere rağmen gerçekleştirilmiş olmasıdır.

İsa Mesih'in çarmıha gerildiğinde söylediği şu sözler aklımıza geliyor: "Baba, onları bağışla, çünkü ne yaptıklarını bilmiyorlar." Bu bağışlanma duası, onun idamını talep eden Sanhedrin için değil, Romalı askerler için ve onların adına yapılmıştı.

Bu nedenle, neler yapıldığını bilmeyen, kendilerine karşı işlenen devasa dolandırıcılıktan habersiz olan ve daha da kötüsü, korumaya yemin ettikleri Anayasa'dan habersiz olan ABD Kongresi üyelerine şöyle diyoruz:

> "Baba, onları bağışla, çünkü ne yaptıklarını bilmiyorlardı."

Ancak ne yaptıklarını bilen hainler, aldatıcılar, yalancılar ve ihanet edenler için, Anayasa'nın hazırlayıcılarının önerdiği gibi vatana ihanetten asılarak idam edilmenin onlar için çok hafif bir ceza olacağını söylüyorum.

O dönemin bazı akademisyenleri, Federal Rezerv Yasası'nın neden o dönemde sunulduğunu merak ettiler.

Aklıma iki neden geliyor. Beyaz Saray'da uysal bir Sosyalist başkan varken, Federal Rezerv'in mimarları savaşın yaklaştığını biliyorlardı. Bu nedenle, düşmanlıklar başlamadan önce Merkez

Bankası'nın kurulmuş ve faaliyete geçmiş olması hayati önem taşıyordu.

Sonraki tarih, Federal Rezerv Yasası'nın yaklaşan savaşı gerçekleştirmek için zamanında kabul edildiğini göstermiştir. ABD tarafından sağlanan devasa finansman olmasaydı, I. Dünya Savaşı'nın patlak vermeyeceğine inanmak için her türlü neden vardır.

İkinci neden ise elbette daha bariz olanıdır: ABD'nin bankacılık ve finans sisteminin tam kontrolü.

Yasadışı ve anayasaya aykırı Federal Rezerv Yasası'nın kabul edilmesi, Wilson'ın vatana ihaneti sayesinde Rothschildlar'ın Amerika Birleşik Devletleri'ni I. Dünya Savaşı'na sürüklemesine imkân verdi; bu savaş, Avrupa ve Amerika uluslarının en seçkin genç Hıristiyan erkeklerinin milyonlarcasının ölümüne yol açtı ve Amerika Birleşik Devletleri'ne milyarlarca dolara mal oldu.

Vatana ihanet edenler hiçbir zaman cezalandırılmadı ve Amerika bugün hala o korkunç savaşın ve onu izleyen savaşın etkilerinden ve Rothschildların sözde "özgür Amerika" üzerinde kurdukları ve hâlâ müstehcen kârlar elde etmeye devam ettikleri hakimiyetten muzdarip.

Amerikan halkı için gerçek özgürlük, Rothschildların Federal Rezerv Bankaları'nı kurarak Amerika'nın para birimi, kredisi ve ekonomisi üzerinde kontrolü ele geçirdiği gün sona erdi. Rothschildların Amerikan cumhuriyetinin kalbinde kendi bankacılık sistemlerini kurabilmiş olmalarının gücünü düşündüğümüzde, şu ayet akla geliyor: "Bu Sezarımız, bu kadar büyük olabilmek için hangi etle besleniyor?"

Bu "et"in hikayesi, bu eserde anlatmaya çalıştığım şeydir ve belki de, gözlerinin önünde Başkan Woodrow Wilson'ın işlediği ihanetin şok edici örneği hala taze olmasına rağmen, hem Wilson'ın hem de Roosevelt'in Amerikan halkına iradelerini nasıl dayatabildiklerinin gizemine biraz ışık tutacaktır.

Bu gücün kaynağına dair tek bir cevap olabilir: Amerika'nın İkinci Dünya Savaşı'na girmesini arzulayan ve aktif olarak bunun peşinde koşan Amerika'daki Rothschild ajanları. Yüzbaşı Liddell Hart'ın yazdığı *Propaganda in the Next War* (Bir Sonraki Savaşta *Propaganda*) adlı kitap, Amerikan halkının büyük çoğunluğunun tamamen karşı olmasına rağmen, ikinci kez nasıl Avrupa'daki bir savaşa sürüklendiğine dair önemli bir ışık tutuyor, ancak ne yazık ki kitap artık bulunamıyor gibi görünüyor. Yazar Armstrong şöyle dedi:

> Görünüşe göre bu, İngiliz hükümetinin yarı resmi bir kitabıdır. Kitabın bu nüshalarının imha edilmesi muhtemelen Savaş Bakanı Hoar-Belisha'nın emriyle gerçekleştirilmiştir...
>
> Yahudi vatanının kurulması, dünya savaşında veya Almanya ile yapılan barış antlaşmasında bir konu değildi.
>
> Araplar müttefiklerimizdi ve müttefiklerin askerleriyle omuz omuza savaştılar. Bu, 'Büyükler' Lloyd George, Woodrow Wilson ve Georges Clemenceau'nun emriyle işlenen soğukkanlı ve savunulamaz bir soygundu. *(Rothschild Money Trust*, sayfa 65, 79)
>
> En kötüsü, bu 'Yahudi vatanının' kurulmasının Arap Hükümeti ve halkına karşı soğukkanlı bir ihanet olmasıydı. Araplar, Balfour Deklarasyonu olarak bilinen belgenin iptal edileceği ve Arapların ülkelerinin barışçıl mülkiyeti ve zilyetliği konusunda rahatsız edilmeyecekleri vaadiyle müttefiklerin yanında savaşa girmeye ikna edildiklerini iddia ediyorlar.
>
> Bu iddia İngiliz Hükümeti tarafından reddedilmez, ancak Woodrow Wilson'ın Yahudilere bu vatanın verilmesinde ısrar ettiği ve Lloyd George'un politika gereği ve barış antlaşmasında istediği diğer bazı şeyleri elde etmek iç 'de buna rıza gösterdiği bahanesiyle geçiştirilir. Filistin artık haklı olarak "iki kez vaat edilen topraklar" olarak adlandırılır.

> Almanya'nın da Rus anlaşmasını göz önünde bulundurarak bunu vaat etmiş olması muhtemeldir. (*Rothschild Money Trust*, sayfa 70)

I. Dünya Savaşı ve ardından gelen barış antlaşmasının en az dikkat çeken yan etkilerinden biri, antik çağlardan beri dünya para sistemlerinde her zaman önemli bir yer tutan gümüşün para birimi olmaktan çıkarılmasıydı. Gümüş bir değerli metaldir, ancak her zaman enflasyona karşı iyi bir koruma sağlamasına rağmen, Rothschildlar tarafından altın kadar değerli görülmemektedir.

Ne gümüş, ne altın sikkeler ne de senetler/sertifikalar enflasyona maruz kalabilir. Rothschildlar, büyük olasılıkla bunu göz önünde bulundurarak, gümüşü para birimi olmaktan çıkarmak ve dünya para sistemlerinden sikkeleri ortadan kaldırmak için yoğun çaba sarf ettiler. Bu kitapta, zaman zaman atıfta bulunmak dışında, İngiltere Merkez Bankası'nın tarihini anlatmayı amaçlamıyorum.

İngiltere Merkez Bankası, yasadışı ABD Merkez Bankası da dahil olmak üzere tüm "kısmi rezerv bankaları" için bir model olmuştur ve hâlâ da öyledir. Bankanın ilk tüzüğü 1844 yılına kadar sekiz kez değiştirilmiştir ve şüphesiz Rothschildlar, özellikle Rothschildların bankalarına büyük ölçüde yarar sağlayan köklü değişiklikler getiren Peel Değişikliği olmak üzere, son değişikliklerle yakından ilgilidir.

Peel Değişikliği 1844'te kabul edildi ve bunun hemen etkisi, o zamana kadar her ülkede, hatta her ulusta, çok eski zamanlardan beri gerçek para olarak dolaşımda olan gümüşün para olmaktan çıkarılması oldu.

Bu, Rothschildların savaş borçlarının altınla ödenmesini istemeleri nedeniyle yapıldı; bu durum, İç Savaş borçlarının gümüşle ödenmesini reddedip Birleşik Devletler Hükümeti'nden " " borçlarının altınla ödenmesini talep ettiklerinde ortaya çıktı. Şüphesiz Peel Değişikliği bu tür konuları öngörmüştü ve özellikle de bundan sonra olacakların temelini atmak için kabul edildi. Bu değişiklik aynı zamanda İngilizlere altın üzerinde tekel hakkı verdi, çünkü 1899–1902 yıllarında Güney Afrika'daki Boerlerden çalınan altını ellerinde tutuyorlardı.

Bu arada, İngiltere'nin uzun tarihinde ilk kez bir Yahudi'nin kamu görevine aday olmasını mümkün kılan Yahudi Engelliler Yasası'nı Meclis'ten geçiren de Peel'di. Ancak güçlü muhalefete karşı verilen mücadelenin ortasında, Peel ata binerken attan düştü ve yaralanmalarından dolayı öldü. O, yetkin bir biniciydi, bu da kazayı daha da garip hale getiriyordu. Bu durum, Disraeli'yi yasanın baş kahramanı haline getirdi. Disraeli'nin 7 Aralık 1847'de parti lideri olarak Avam Kamarası'nda yaptığı ilk konuşma, korkulan İrlandalı Daniel O'Connell'in önderliğindeki muhalifler tarafından bastırılmıştı.

Yahudi Engelliler Yasası'nı destekleyenler arasında, Rothschild ailesiyle evlilik bağı olan ve Londra Şehri'nin iki şerifinden biri olan Sir Moses Montefiore de vardı. Montefiore, Yahudi olmasına rağmen bu yüksek makamı elinde tutabiliyordu, çünkü Lordlar Kamarası'nın Londra Şehri üzerinde herhangi bir yetki veya kontrolü yoktu.

Montefiore, tartışmayı dinlemek için izin almak üzere Avam Kamarası'na gelmişti.

Yasa tasarısı doğrudan sunulmamıştı, ancak Rothschildların her zaman yaptığı gibi, tüm dinlere yönelik kısıtlamaları kaldırmayı amaçlayan ve "yan rüzgar" olarak adlandırılan bir tasarı olarak biliniyordu.

Bu önlem, Yahudilerin sulh hakimi veya öğretmen olamayacağı, Hristiyan yemini etmeyi reddederse oy kullanamayacağı ve avukatlık yapamayacağı şeklindeki uzun süredir devam eden uygulamayı sona erdirmeyi amaçlıyordu.

Lionel de Rothschild, Hristiyan yemini etmeyi reddetmişti ve Lordlar Kamarası'na seçilmiş olmasına rağmen, Hristiyan yemininin uygulanmasına karşı gösterdiği inatçı direniş nedeniyle koltuğuna oturamamıştı.

Tory'lerin "Yahudi tasarısı" olarak adlandırdığı bu tasarı, Lord Derby, Lord Bentinck ve Sir Robert Inglis gibi üyelerin on bir yıl süren muhalefetine rağmen ortadan kalkmadı. Bu üyeler, Yahudilerin neden Parlamento'dan dışlanmaları gerektiği sorulduğunda şöyle cevap verdiler: "Yahudiler burada gönüllü olarak yabancıdırlar ve İncil olan ahlaki yasamıza uymadan vatandaşlık hakkı talep edemezler."

Lordlar Kamarası'ndaki Muhafazakarlar, Lord George Bentinck'in on bir yıl boyunca tasarı her gündeme geldiğinde açıkladığı gibi, "Yahudi tasarısı"na kararlı bir şekilde karşıydılar. Rothschildların azmine hayranlık duymak gerekir; bir şeyi istediklerinde, elde edene kadar azimle peşini bırakmazlardı. Lord Bentinck'in açıkladığı gibi:

> Yahudi Sorunu'nu, büyük bir özel mülk veya Boşanma Yasası gibi kişisel bir mesele olarak görüyorum. Disraeli elbette Yahudileri sıcak bir şekilde destekleyecektir; öncelikle onlara karşı kalıtsal bir önyargısı olduğu için, ikincisi ise kendisi ve Rothschildlar'ın büyük müttefikler olması nedeniyle. (*Hansard Raporu*'ndan)

Bentinck daha sonra kırk altı yaşında, görünüşe göre kalp krizi geçirerek ölü bulundu. Kendisinden önce Peel'in ölümü gibi, Bentinck'in vefatı da birçok cevapsız soru bıraktı; bunlardan en önemlileri hiçbir zaman ele alınmadı.

20 Şubat 1849'da, Yahudilerin Engellerinin Kaldırılması Yasası, Disraeli'nin başkanlığında Meclis'te üçüncü okuması için tekrar gündeme geldi. Galeride, Lionel Rothschild adına görüşmeleri izleyen Louise de Rothschild oturuyordu. Tasarı 272'ye karşı 206 oyla kabul edildi, ancak Lordlar Kamarası'nda reddedildi.

Ertesi yıl, 29 Temmuz 1850'de, Lionel de Rothschild tekrar koltuğuna oturmaya çalıştı, ancak Meclis Katibi buna izin vermedi ve böylece sert tartışmalarla karakterize edilen yeni bir çılgın faaliyet dalgası ortaya çıktı.

Bu tasarı, artık *Times* gazetesinde Parlamentonun "yıllık eğlencesi" olarak anılıyordu. 1849, 1851, 1853, 1856 ve 1857 yıllarında reddedilen Disraeli, 1858'de yemin metnini değiştirerek yeni bir " " taktiği denedi, ancak Lordlar Kamarası bunu yine reddetti.

Disraeli, yeni yeminin yeniden yürürlüğe konması için bir komite kurarak karşılık verdi ve Lionel de Rothschild'i bu komiteye atadı. Sonunda, çirkin sahneler ve Lord Derby'nin arka cephedeki muhalefeti, çok sayıda şikayet ve çok az farkla kabul edilmesi arasında bir uzlaşma sağlandı: Her Meclis kendi yemin metnini hazırlayacaktı. Lionel de Rothschild'in görkemli evinde, "Meclisin her köşesinde on bir yıl süren bağırış ve çığlıkların" sona erdiği için büyük bir sevinç yaşandı.

26 Temmuz 1858'de Lionel de Rothschild, yeni, Hristiyanlık dışı yemin üzerine yemin etti ve yemin etmek için kürsüye çıkarken Disraeli ile el sıkıştı; bu, muhtemelen şimdi sunduğu hizmetin kendisine ihtiyaç duyulacağını öngörerek, akıllıca ve büyük bir öngörüyle, henüz çok genç yaşta Hristiyanlığa dönüştürdüğü himayesindeki kişiye duyduğu minnettarlığı kamuoyuna gösterme amaçlı bir hareketti.

BÖLÜM 22

Rothschildlar'ın ayrılığı Lordlar Kamarası'nı açıyor

Kapılar açılmıştı. Lord Rothschild koltuğuna oturdu, onu David Salomons, Sir Francis Goldsmith, Nathaniel de Rothschild, Frederick Goldsmid ve Julian Goldsmid hızla takip etti.

İlginçtir ki, bu adamların hiçbiri Disraeli'nin kendi partisi olan Muhafazakar Birlik Partisi'ni ("Tory Partisi") temsil etmiyordu. Ancak baş muhalif Earl Derby, artık kendi partisinden de destek görmemekteydi ve itirazlarını yazılı olarak dile getirdi:

> Majestelerinin Yahudi inancına sahip tebaasına karşı herhangi bir sadakatsizlik veya hoşnutsuzluk göstermeden, Lordlar, her iki Parlamento Meclisi'nin de her gün Konseylerine İlahi Lütuf için toplu dualar sunduğu o Kurtarıcı'yı inkar etmenin ve reddetmenin, kendini Hıristiyan olarak tanımlayan bir topluluğun yasama sürecine katılmak için ahlaki açıdan uygunsuzluk teşkil ettiğini düşünmektedir. (*Hansard Raporu*)

Yahudilerin Engellerinin Kaldırılması Yasası'nın en göze çarpan sonucu, Rothschildlar ve diğer önde gelen Yahudilere Lordlar Kamarası'na erişim hakkı vermesi ve nefret edilen Hıristiyan Yemini'nin kaldırılmasıydı. Diğer bir değişiklik olan İngiltere Merkez Bankası'na ilişkin Peel Değişikliği ile, sıradan halk, her zamanki gibi , nasıl kandırıldıklarından ve ne kadar kaybedeceklerinden habersizdi. Bu alçaklar o kadar ustaca çalıştılar ki, kurbanlar gözleri açık bir şekilde etrafta dolaşırken gördüklerini kavrayamadan, Rothschildlar dünya para sistemleri üzerindeki hakimiyetlerini sağlamlaştırdılar.

Elbette bu aldatmaca bugün de devam ediyor; ABD sikkeleri gümüş gibi gösteriliyor, ancak bu sikkelerin içinde hiç gümüş bulunmuyor. ABD sikkeleri plastikten de yapılabilirdi, ancak bu işe yaramazdı, çünkü o zaman halk bunca yılın ardından aldatmacanın farkına varabilirdi! *Britannica Ansiklopedisi* bile Peel Değişikliği'nin aldatmacasını gizlemeye çalıştı:

> Para birimimizde var olan kusurları gidermeye çalışırken, ihtiyatlı hareket etmek, mevcut çıkarları mümkün olduğunca gözetmek ve halkın endişelerini veya şüphelerini uyandırabilecek adımlardan kaçınmak kaçınılmazdı; ancak alınan tedbirler... en önemli ve son derece yararlı değişiklikleri hayata geçirirken, aynı zamanda çok az direniş uyandıracak şekilde ustaca tasarlanmıştı. (*Encyclopedia Britannica* Cilt III, sayfa 323)

Örneğin: Burada bahsedilen "kusurlar" nelerdi?

Temel "kusur", o zamana kadar savaşmak kolay olmamasıydı; çünkü bu tür savaşlar için asla yeterli para yoktu ve ek vergiler yoluyla ek para toplanması gerekiyordu. Bu, bir noktada, uykuda olan kitlelerin bile öfkelenip aşırı vergilere karşı isyan edeceği anlamına geliyordu.

Diğer "kusur" ise, kağıt paranın altın ve gümüş gibi değerli metallerle desteklenmesi gerektiğiydi; oysa arzu edilen şey, eski Babil sistemindeki sahte kısmi rezerv bankacılığının tam olarak uygulanmasıydı; bu, basit bir dille ifade edersek, bankaların gümüş ve altın gibi gerçek varlıklarla desteklenmeyen belirli miktarda kağıt para basabilmesi anlamına geliyordu ( ). Bu değişiklikler ve Peel Değişikliği ile Amerika'da Federal Rezerv Bankalarının kurulmasının ardından gelen kağıt para seli olmasaydı, I. ve II. Dünya Savaşlarının kışkırtılması mümkün olmazdı. Böylesine israfçı savaşlar için gerçek para yoktu ve halk da bu tür talihsiz maceraları finanse etmek iç e ek vergileri kabul etmezdi.

Aslında, ABD doları olarak adlandırılan değersiz kağıt paranın bol miktarda arzı olmasaydı, Körfez Savaşı, 2002'deki Irak işgali, Sırbistan'ın bombalanması ve Afganistan'a karşı savaş da olmazdı. Tüm dünyada bu şekilde kabul edilen bu paralar, gerçekte altın veya gümüşle değiştirilemeyen, özel bir bankacılık sistemi tarafından çıkarılan kağıt parçalarıdır.

Britannica Ansiklopedisi'nin ifadesiyle, neden "ihtiyatlı hareket etmek" gerekiyordu? Eğer bu dürüst bir ihtiyaç olsaydı, bu hamle konusunda neden ihtiyatlı olunması gerekirdi? Ancak ansiklopedi, "halkın korku ve şüphelerini uyandırabilir" sözleriyle bu çirkin aldatma oyununu ele veriyor.

Ansiklopedinin kendi itirafına göre, halkın aldatılması söz konusu olduğu ve bu aldatmacanın "az miktarda muhalefet uyandırmak için ustaca tasarlanması" gerektiği için ihtiyatlı davranılması gerektiği anlaşılıyor.

Halkın üzerinde toplu aldatma ve büyük bir dolandırıcılık yapıldığına dair ne büyük bir itiraf. Failler, halkın bunu öğrenirse isyan edeceğini çok iyi biliyorlardı, bu yüzden Peel Değişikliği "son derece faydalı değişiklikler" olarak gizlenmek zorundaydı.

"Son derece faydalı değişikliklerin" yararlandığı kimlerdi? Bundan yararlanan tek bir taraf vardı ve o da Rothschild Hanedanı ve dünyanın dört bir yanındaki bankalarıydı.

Eğer bu doğru olmasaydı, "son derece faydalı değişiklikler" Londra'nın ve dünyanın her şehrinin çatılarından haykırılırdı. Ancak "son derece faydalı değişiklikler", Rothschild bankacılık imparatorluğunun yararına idi ve bundan etkilenen birçok ulusun halkının yararına değildi.

Sir Robert Peel, bankanın tüzüğüne yapılan değişikliği sunarken, bu değişikliğin asıl yazarı, Rothschildların 'daki "uşağı" Benjamin Disraeli idi; Rothschildlar, Napolyon I'i yaratıp ünlü kıldıkları gibi, onu da yaratmış ve İngiltere Başbakanı olarak ünlü kılmıştı. Lionel Rothschild'in İngiltere Merkez Bankası üzerindeki etkisi, daha önce de açıklandığı gibi, kağıt paralarının altınla değiştirilmesini talep ederek bankanın altın rezervlerine yaptığı bu saldırı yoluyla bankayı korkutup kendisine fiili kontrolü vermesini sağladığından beri hiç azalmadı.

4 Ağustos 1847'de, Disraeli'nin Parlamento'ya aday olma hakkı, birçok alacaklısından korktuğu için mülk sahipliğini beyan edemediği ve mülk sahipliği gerekli bir nitelik olduğu için, kağıt üzerinde çok zayıf bir durumdaydı. Aylesbury kasabasının bulunduğu ilçenin Yüksek Şerifi Baron Mayer de Rothschild, Disraeli'yi nitelikli bir aday olarak onayladı ve ardından başka bir aday olan John Gibbs'in seçimden çekilmeye ikna edilmesinin ardından onu usulüne uygun olarak seçilmiş ilan etti.

Ancak izleyen kalabalık sonucu pek iyi karşılamadı. Disraeli'yi bir davetsiz misafir olarak gören kalabalık, onu yuhalamalar ve sataşmalarla karşıladı. Ayrıca, Disraeli'nin Parlamento'daki kariyerini ciddi şekilde etkileyebilecek ve etkileyecek kadar derin bir mali sıkıntı içinde olduğu sırada, borçlarını satın alıp silen kişinin Lionel de Rothschild olduğu da belirtilmeye değer. Bu anlaşma, Weintraub'un *Disraeli* adlı kitabının 401. sayfasında bahsedilmektedir:

> Montague, Philip Rose ve Lionel de Rothschild aracılığıyla tüm borçları kapattı. Söz konusu Montague'nun, "Disraeli'nin borçlarını satın almayı ve tefecilikten daha düşük bir faiz oranı uygulamayı teklif ettiği" söyleniyor. Eleştirmenler, Disraeli'nin borçlarının gerçek " " alıcısının aslında Lionel Rothschild olduğunu öne sürdüler.
>
> Bir başka tartışılmaz gerçek ise, Eylül 1848'de Rothschildların, bir paravan olan Titchfield Markisi aracılığıyla Disraeli'nin kır evi Hughendon'u onun için satın almada parmağı olduğudur. Disraeli'nin karısı Mary Anne'e yazdığı mektupta, "Her şey halloldu; sen artık Hughendon'un hanımı oldun" dediği görülmektedir.

'in Disraeli'nin "Rothschildların sadece bir uşağı" olduğu iddiasını doğruluyor gibi göründükleri için bu gerçeklerden bahsediyorum.

Rothschildların Peel Değişikliği aldatmacasını kabul ettirmek için kullandıkları yöntemlerin incelenmesi, Amerikan halkına Federal Rezerv Bankaları dolandırıcılığını kabul ettirmek için de tam olarak aynı yöntemleri kullandıklarını göstermektedir. Her iki durumda da, komplonun mimarı ve uygulayıcısı aynıydı: Rothschildlar.

1840'taki felaket, Rothschildlar tarafından sahnelenmiş ve yönetilmişti; bunun amacı, gümüş sikkelerin ve gümüş sertifikalarının kısıtlayıcı etkisini sona erdirerek Rothschildlar için çok yararlı olacak olan 1844'teki hayati öneme sahip yasa değişikliğinin zeminini hazırlamaktı.

Rothschildlar, 1907'deki paniği sahneledi; bu da, Peel Değişikliği'nin Amerikan versiyonu olan, aldatıcı ve düpedüz anayasaya aykırı Federal Rezerv Bankaları'nın önünü açtı; bu yasa tasarısı, başta Senatör William Aldrich olmak üzere, görevdeki sayısız ajanları tarafından Senato'dan geçirildi. Peel Değişikliği ve Federal Rezerv Yasası, aynı ebeveyn olan Rothschildlar'ın ikizleridir; Rothschildlar, bu aldatıcı mali ve parasal önlemlerin gerçek yazarlarını gizlemek için paravanlarını ve hizmetkarlarını kullandılar.

Rothschildlar, sıradan insanların boynuna kölelik boyunduruğunu geçiren bu çifte başarıyı nasıl başardılar? Bunu, İngiliz Parlamentosu'ndaki her iki siyasi partinin liderlerini ve ABD Temsilciler Meclisi ile ABD Senatosu'ndaki her iki partinin siyasi liderlerini sahiplenerek ve kontrol ederek başardılar. O zamandan beri hiçbir şey değişmedi.

Mevcut durum hala sağlam bir şekilde devam ediyor. Bu iki önlem, Rothschildlara Britanya İmparatorluğu'nun para ve maliye politikaları üzerinde tam kontrol ve ABD üzerinde tam para ve maliye kontrolü sağladı, böylece sadece Rothschildların servetini değil, aynı zamanda hem Britanya hem de ABD hükümetlerine politikalar dikte etme gücünü de katlayarak onları "dünya para piyasalarının efendisi ve hakimi" haline getirdi.

Disraeli, Rothschildların dünya hükümetlerinin dış ve iç politikaları üzerinde tam bir hakimiyet kurduklarını söylemedi, ancak Paris Barış Konferansı'nda bu durum apaçık ortada olduğu için bunu dile getirmeye gerek bile yoktu.

Rothschild efendilerinin talimatıyla, Başkan Wilson ve Başbakan George, "Mali Komite" ve "Ekonomi Bölümü" adlı iki komite kurdular. Rothschild ajanları Baruch ve J.P. Morgan and Co.'nun ortağı Thomas Lamont, Mali Komite'ye atandılar.

İki komitenin müzakereleri ve kararlarının net sonucu, İngiltere ve Fransa'nın ABD'ye olan savaş borçlarını geri ödemesini neredeyse imkansız hale getirdi; büyük olasılıkla bu borçların "affedilmesi" niyetiyle yapıldı ve ABD Anayasası'nın en bariz şekilde ihlaliyle bu da gerçekleşti.

ABD Anayasasında yabancı güçlere kredi ve hibe verilmesine izin veren, hele ki borçların silinmesine izin veren hiçbir hüküm yoktu ve yoktur. Ancak Rothschildlar için bu, aşılması gereken bir engelden ibaretti ve ABD, Müttefiklerin milyarlarca dolarlık borcunu sildi.

Niyet, Rothschildlara olan borçların geri ödenmesi idi ve bu, en önemli noktaydı. Ne yazık ki, ABD Hükümeti'ndeki Rothschild ajanları, Amerikan halkını milyarlarca dolardan mahrum eden ve Rothschildları aynı miktarda zenginleştiren plana uydu; bu, ABD'nin en yüksek hukuku olan Anayasa'nın en bariz ihlaliydi.

Bunun sonucunda, Anayasa'nın açıkça hiçe sayılması, yoksulluk ve acıya neden olan Uluslararası Sosyalizmi güçlendirdi ve Komünizmin yükselişine yol açan devrimlere neden oldu.

İngiltere tarihine bu kadar derin bir etki bırakmış olan Disraeli kimdi? Güç konumuna nasıl ulaştı?

İleri yaşlarında Lord Beaconsfield unvanını alan Benjamin

Disraeli (1804–1881), İngiltere'nin başbakanı olan ilk Yahudi kökenli kişiydi.

British Museum'daki belgelerin incelenmesi, Disraeli'nin şöhret ve iktidara yükselişini tamamen Lionel Rothschild'e borçlu olduğunu göstermektedir. Lionel tarafından keşfedildiğinde, Disraeli çaresiz bir yoksulluk içindeydi, ancak Lionel Rothschild onu yararlı bir hizmetkar olarak gördüğü için yine de iktidara ve şöhrete yükselmeyi başardı.

Rothschild'ın bir başka "yaratığı" olan Bismarck, Disraeli'nin iç savaş yoluyla Amerika Birleşik Devletleri'ni yıkma planının mimarı olduğunu söylemiştir.

Amerikan İç Savaşı, dünya tarihinin en anlamsız kardeş katliamlarından biriydi ve yaklaşık 800.000 insanın hayatına mal oldu. Bu, asla yaşanmaması gereken bir savaştı ve Rothschild'lerin ve onların ajanı Disraeli'nin "gizli eli" olmasaydı yaşanmazdı; İç Savaş'ta ölenlerin kanı, Disraeli'nin ruhu üzerinde sonsuza kadar kalacaktır.

> Lionel Rothschild, Benjamin'in akıl hocası ve rehberi oldu. Genç Disraeli'nin yetişme yıllarından itibaren Lionel, sorumluluğu üstlendi ve himayesindeki genci bir başarıdan diğerine yönlendirdi.
>
> Disraeli, Lionel için neyse, Weishaupt da Amschel için oydu; Gambetta, James Rothschild III için neyse, Poincaré de Alphonso Rothschild IV için ve Eduard Rothschild V için odur; ya da Kerensky (Kirbis), E. Rothschild V için neyse, o da odur... Disraeli, gelecekteki lordlar ve bakanlar olacak bir düzine Yahudi'yi içinde taşıyarak Büyük Britanya'nın üst sınıflarına sızan Truva Atı'ydı. Şimdi ise ülkeyi tamamen onlar yönetiyor. (*İkinci Dünya Savaşı'nı Önleyelim.* (Kont Cherep-Spiridovich)

Buckle'ın *Disraeli'nin Hayatı ve Ölümü* kitabına göre,

> "İngiliz tarihinde Disraeli'ninkinden daha muhteşem bir

> kariyer yoktur ve bugüne kadar hiçbiri daha büyük bir gizemle ( ) örtülmemiştir."

Ancak büyük İngiliz deneme yazarı ve tarihçi Thomas Carlyle'a göre Disraeli, "bir maceracı ve muhteşem bir Yahudi sihirbaz"dı. Carlyle, Fransız Devrimi üzerine dikkate değer bir eser kaleme almıştı ve büyük beğeni toplayan On Heroes (Kahramanlar Üzerine) adlı dersleri, onu Disraeli konusunda *Buckle'ın History of Civilization in England* (İngiltere'de Medeniyet Tarihi) kitabından daha iyi bir yargıç haline getirmişti. Profesör William Langer da Disraeli'nin değerini değerlendirirken daha gerçekçi bir iş çıkarır, ancak bu tarihçilerin hiçbiri onun akıl hocası ve kontrolörü Lionel Rothschild hakkında hiçbir şey söylemez. Cherep-Spiridovich, Disraeli'ye karşı en az hoşgörülü olanıdır:

> Disraeli'nin siyaseti esas olarak Rusya'ya duyduğu nefretten ibaretti... Lionel'in himayesine alınan Disraeli, bundan böyle bir Mefistofeles'e yakışır bir zafer dolu küçümseme tavrı takındı. Soluk tenli, parıldayan gözlü ve siyah saçlı olduğu için, beyaz saten astarlı siyah kadife frak, beyaz eldivenler, sarkan siyah ipek püsküller ve siyah püsküllü beyaz fildişi baston giymeye başladı.
>
> Tüm bunlar, nüfuzlu yaşlı hanımlar üzerinde daha güçlü bir etki bırakmak için şeytani bir şekilde bir araya getirilmişti. Benjamin, Londra'da bu hanımlar aracılığıyla, patronu Lionel için gerekli tüm sırları öğrendi; Disraeli, Lionel'in parasıyla en yüksek mevkilere yükseldi.

Sarah Bradford, *Disraeli* adlı kitabının 60. ve 186. sayfalarında, Disraeli'nin "özel hayatında ifade ettiği güçlü Siyonist duyguları" olduğunu belirtir. Bradford, Rothschild'ların Disraeli'ye sağladığı destekle ilgili birkaç önemli noktaya daha değinir:

> Rothschild hanımlarının, evlenmeden önce Disraeli'nin eşi Mary Anne'i tanıdıklarını ve onunla giderek daha samimi hale geldiklerini anlatıyor. (Sayfa 187)

> Disraeli sık sık Anthony de Rothschild'in evinde ağırlanıyordu ve "ailenin bir parçası olarak görülüyordu."

(Sayfa 386)

Disraeli, Yazar Weintraub, Lionel'in Disraeli ile ne kadar yakın olduğunu (sayfa 243) ve onu "en iyi arkadaşı olarak gördüğünü" anlatır... Londra'da onu herkesten daha sık görürdü ve akşam yemeği için davet edilmesine hiç gerek kalmazdı. Disraeli'nin eşi Mary Anne'in ölümünden sonra, neredeyse Lionel'in evinde yaşıyordu. (Sayfa 243 ve 611) Anthony de Rothschild, dünyadaki en iyi ve en nazik ev sahibiydi. (Sayfa 651)

Weintraub, Alfred de Rothschild'in Disraeli'ye karşı son derece cömert davrandığını belirtir. Disraeli ile Rothschild'ların, kelimenin normal anlamının çok ötesine geçen olağanüstü yakın bir dostluk yaşadıklarına dair hiçbir şüphemiz kalmaz.

BÖLÜM 23

Rothschildlar'ın vekili Rusya'ya saldırıyı finanse etti

Daha önce, 1904-1905 yıllarında Japonya ile Rusya arasındaki savaşta Rothschildların rolünü ayrıntılı olarak açıklayacağımı belirtmiştim. O dönemde Japon hükümeti, Rusya ile Japonya arasında gerginliği körüklemek için perde arkasında çalışan Jacob Schiff'ten yardım aldığını düşünüyordu, ancak Schiff'in Japonlara verdiği kredinin arkasında gerçekte ne vardı?

Rothschildlar, Rusya'yı istikrarsızlaştırma çabalarında Japonya'ya ihtiyaç duyuyorlardı. Romanov ailesine olan nefretleri sınırsızdı. Japon filosunun Port Arthur'a yaptığı saldırı, zamanı geldiğinde gerçekleşecek Bolşevik Devrimi'nin zeminini hazırladı. Lionel Rothschild'ın bir zamanlar belirttiği gibi,

> "St. Petersburg Sarayı ile ailem arasında hiçbir dostluk olmamıştır."

Rus-Japon Savaşı 8 Şubat 1904'te başladı. Komünistler, bu saldırıyı hükümete darbe vurmak için bir fırsat olarak gördükleri için sevinç içindeydiler. *Novoye Vremyo* gibi Rus gazeteleri, Siyonist Yahudilerin Japonya'ya gizlice yardım ettiğini iddia etti. Bu konuda haklıydılar, çünkü Jacob Schiff, Japonya lehine birkaç kredinin sağlanmasında önemli bir rol oynamıştı.

Schiff, 10 Ocak 1847'de Frankfurt'ta doğmuş olması nedeniyle Rothschild ailesiyle bağlantılıydı. Babası, Rothschild ailesinin tanıdığı biriydi. Yetişkinliğe eriştiğinde Jacob, Frankfurt'taki Rothschild bankası " "ın komisyoncusu oldu. 1865 yılında

Rothschildlar, onu Frank ve Gans'ın New York'taki " " firmasıyla bağlantı kurması için New York'a gönderdi. Rothschildların talimatları doğrultusunda 1867'de "Budge, Schiff and Co." adlı kendi aracı kurumunu kurdu. Ortaklık yaklaşık altı yıl sürdü ve 1873'te feshedildi; bu tarihte Schiff Avrupa'ya gitti.

1873'te Alman bankacılık firmalarını gezmesinin ardından 1875'te Amerika Birleşik Devletleri'ne döndü ve Rothschild'ların Amerika'daki bankacılık çıkarları için iyi bilinen bir "paravan" olan Kuhn, Loeb and Co. bankacılık firmasının üyesi oldu. Schiff, Rusya'dan nefret ediyordu ve Rus-Japon Savaşı'nda Çarlara bir darbe vurma ve belki de Rusya üzerindeki egemenliklerinin sonunu getirme fırsatı gördü.

Onun açık emriyle, Kuhn, Loeb and Co., 1904 ve 1905 yıllarında üç büyük Japon savaş kredisini piyasaya sürdü. Teşekkür olarak kendisine Japonya'nın İkinci Derece Kutsal Hazine Nişanı verildi. Port Arthur'da Rus filosunun kesin yenilgisinden sonra, Rusya'da yaşanacak ciddi kargaşanın sahnesi hazırdı:

- 28 Temmuz 1904 Yetenekli içişleri bakanı Viacheslav von Plehve'nin öldürülmesi
- 22 Ağustos 1904 Kiev, Rovno ve Volhnia'da Yahudi ayaklanmaları patlak verdi ve Ekim ayına kadar sürdü
- 22 Ocak 1905 Rothschild ajanı "Peder" Giorgi Gapon'un önderlik ettiği Kanlı Pazar
- 2-30 Ekim 1905: Tüm ülkenin katıldığı genel grev
- 22 Aralık 1905 – 1 Ocak 1906 Moskova'da işçilerin ayaklanması
- 2 Mayıs 1906 Tarihçiler tarafından Romanov hanedanının sonunun başlangıcı olarak kabul edilen Kont Witte'nin görevden alınması

Von Plehve'nin öldürülmesi, Şubat 1904'te dolaşıma giren ve "Haman"a hitaben yazılmış bir Yahudi şiirinde öngörülmüştü. İçişleri bakanı olduğu kolayca anlaşılan şiirde, "yeni Haman"ın yakında öleceği yazıyordu. 28 Temmuz 1904 sabahı, Sazonov adında bir " " teröristi, St. Petersburg'daki Varşova deposu önündeki meydanda duran von Plehve'ye bir bomba attı.

Bolşevik Devrimi patlak vermeden hemen önce, Schiff, Bolşevik davasını ilerletmek için Lenin'e 20 milyon dolar verdi. Papa XIII. Leo'nun 19 Mart 1902 tarihli Apostolik Mektubu *Parvenu a la Vingt-cinquième Année'de* şunları yazması şaşırtıcı değildir:

> Çoğu ulusu muazzam pençesine alan bu hareket, gerçek ilham kaynağı ve gizli itici gücü olan diğer mezheplerle birleşiyor. Önce dünyevi çıkarlar vaadiyle ortaklarını kendine çekiyor, sonra da onlara sağladığı bu çıkarlarla onları elinde tutuyor. Bazen vaatlerle, bazen tehditlerle hükümetleri kendi iradesine boyun eğdirir. Toplumun her kesimine sızmış ve sanki yasal devletin kurumsal yapısı içindeymişçesine, görünmez ve sorumsuz bir güç, bağımsız bir hükümet oluşturmuştur.

Dr. Gerard Encausse, 1914 Nisan sayısında *Mysteria* dergisinde şöyle demiştir:

> Her devletin uluslararası politikasının yanı sıra, uluslararası politikanın " " (gizli) tarafında da bazı belirsiz örgütler vardır... Bu konseylerde yer alan kişiler, profesyonel politikacılar veya şık giyimli büyükelçiler değil, dünyayı yönettiklerini sanan kibirli ve geçici politikacılardan üstün olan, kimliği bilinmeyen bazı yüksek finansörlerdir.

Winston Churchill, komplocuların tarafına geçmeden önce Rusya'daki olaylar hakkında şöyle demiştir:

> Dünyanın en korkunç mezhebinin önde gelen ruhları ve etrafındaki bu ruhlarla birlikte, Rus devletinin dayandığı her kurumu paramparça etmek için şeytani bir yetenekle işe koyuldu. Rusya yerle bir edildi. Rusya yerle bir edilmeliydi. Tozun içine gömüldü.

Churchill, Lenin ve Troçki'nin şeytani öfkesinden ve Hıristiyan Rusya'ya getirdikleri terör ve yıkımdan bahsediyordu. (5 Kasım

1919'da *Avam Kamarası'nda yapılan konuşma*)

Lenin, Rothschildların emirlerini yerine getirmek için gönderilmiş bir başka uşaktı. Romanovlara olan nefretleri sınır tanımıyordu.

Rothschildları öfkelendiren tek şey, Çar'ın Mesih'i lideri olarak tanıyacak bir Kutsal İmparatorluk kurma girişimiydi. Bu konuda çeşitli kaynaklar bulunmaktadır: Yahudi yazar A. Rappaport'un "*Romanovların Laneti*" adlı kitabı, Profesör William Langer'in anlatımı, John Spencer Bassett'in "*Waterloo'nun Kayıp Meyveleri" adlı eseri* ve Lord Milner'in özel belgelerindeki kayıtlar.

Kutsal İttifak, Avusturya, Prusya ve Rusya'nın oluşturduğu bir Hıristiyan Milletler Cemiyeti olarak görülüyordu ve İngiltere, Fransa ve Avrupa'nın tüm uluslarının da bu ittifaka katılması umuluyordu. Uluslar,

> "İlahi hakla tüm gücü tek başına elinde bulunduran, yani Tanrı, İlahi Kurtarıcımız İsa Mesih'e"

Bu umut edilen ittifakın öncüsü, onu gerçeğe dönüştürmek için büyük çaba sarf eden Çar I. Alexander'dı. Rothschildlar ise buna hemen karşı çıktılar.

Profesör Langer bunu şu şekilde tanımlamaktadır ki, bana göre bu önyargılı bir açıklamadır:

> 26 Eylül 1815'te, Çar I. Alexander tarafından hazırlanan, İmparator I. Francis ve III. Frederick William tarafından imzalanan ve nihayetinde Britanya'nın naibi, papa ve Türkiye sultanını hariç tutan tüm Avrupa hükümdarları tarafından imzalanan Kutsal İttifak belgesi. Bu, hükümdarların tebaalarıyla ve birbirleriyle olan ilişkilerinde yol gösterici olması amaçlanan, zararsız bir Hıristiyan ilkeleri bildirgesiydi.
>
> Bu belirsiz ve itiraz edilemez ilkeler, muhtemelen çar

tarafından, bir asır önce Abbé de St. Pierre'in önerdiği çizgide bir tür uluslararası örgütün önsözü olarak düşünülmüştü.

Belgenin önemi, içeriğinde değil, daha sonra halkın zihninde Dörtlü İttifak ile ve daha özel olarak da, din kisvesi altında halkın özgürlüklerine karşı bir antlaşma ile bağlı olduğu düşünülen üç doğu gücünün gerici politikasıyla karıştırılmasında yatıyordu.

İlk etapta, bu "din kisvesi altında" değildi. Bu, İngiltere'nin belgeyi imzalamasını engellemek için ellerinden geleni yapan Rothschildlar tarafından yapılan yorumdu.

Fransa'da Rothschildlar, Kutsal İttifak'ı feshetmeye yardımcı olmak için "kilise ve devletin ayrılması"nın sağlanmasında etkili oldular. Rappaport'un bu konudaki kitabı:

> Avrupa barışının yeniden tesis edilmesi Çar I. Alexander'a büyük bir memnuniyet vermiştir. Alexander, kötülüklerin kaynağı olarak ulusların dinsizliğine dikkatini yöneltmiştir. Halklarda dini coşkuyu canlandırma ve böylece ataerkil bir rejimi, aile hayatının saflığını, yasaya ve otoriteye itaati yeniden tesis etme fikrini geliştirmiştir. Ancak hükümdarlar örnek olmalı ve tebaaları için model teşkil etmelidir.
>
> Avrupa hükümdarları, imparatorlukların ve krallıkların hükümdarları olarak görevlerini, hükümdarları halklarıyla ve kendi aralarında birleştiren bir bağ olması gereken Hıristiyanlığın kurucusunun ruhu içinde yerine getirmelidir.
>
> (*Romanovların Laneti*, sayfa 336)

Kont Cherep-Spiridovich'in yazıları dikkate alındığında, Kutsal İttifak'ın Rothschildların planlarıyla çeliştiği anlaşılmaktadır. Kont Cherep-Spiridovich, 1815'ten itibaren Rothschildların Rusya'nın ve Romanov ailesinin kaderini belirlediğine inanıyordu. Kardinal Manning şöyle demiştir:

> Kurumların tüm dinlerini ortadan kaldırmak ve Avrupa'daki tüm hükümetleri devirmek amacıyla bir birlik kuruldu.

Kardinal, ilk kurbanın Fransız Devrimi'ndeki Fransa, ikinci kurbanın ise Rusya olduğuna inanıyordu. Disraeli'nin Rusya hakkında gerçeği söylemediğine dair kanıtlar vardır. Bolşevik Devrimi'ni kışkırtan ve bunu New York'ta Jacob Schiff ve J.P. Morgan'ın, Londra'da ise Lord Alfred Milner'ın bankacılık paravanları aracılığıyla finanse edenler Rothschildlar'dı. Schiff'in, Hıristiyan Rusya'yı devirme görevi için Troçki'ye 20 milyon dolar verdiği bir gerçektir.

Rothschildların tarihi, siyasi hedeflerine ulaşmak için devasa servetlerinin bir kısmını harcamaktan çekinmediklerini göstermektedir. Bu konuda şaşırtıcı başarılar elde ettiler.

Rothschildların uluslar ve hükümetler üzerinde inanılmaz bir güce sahip oldukları ve bunu kullandıkları, aşağıdakilerle kanıtlanmaktadır:

> Kaiser, savaş ilan edip edemeyeceğini öğrenmek için Rothschild'e danışmak zorundaydı. Bir başka Rothschild ise Napolyon'u deviren çatışmanın tüm yükünü üstlendi. (*The Patriot*, Dr. Stuart Holden, 11 Haziran 1925)

> Gürcistan'daki (Kafkasya) isyan Rothschildlar tarafından sahnelendi. (*Humanité*, Eylül 1924. Bu bir Yahudi dergisiydi)

> Rothschildlar savaşları başlatabilir veya önleyebilir. Onların sözü imparatorlukları kurabilir veya yıkabilir. (*Chicago Evening gazetesi*, 3 Aralık 1923)

> Alphonse Rothschild, Fransa'nın kendisini kral seçmesi karşılığında, Fransa'nın Almanya'y 'ın tüm tazminatını ödemeyi kabul etti. (Comte d'Hemson'un *Journal d'un Officier d'Ordonnance* adlı eseri)

> 3 Temmuz 1914 tarihinde yapılan İngiliz Kabinesi'nin son ve

belirleyici toplantısında, Lloyd George, Lord Rothschild'ı tartışmayı dinlemeye davet etti. Başbakan, her zaman sadece bir aracı olduğu ve hâlâ da öyle olan Rothschildlar adına şeytani oyununu oynadı. İngiltere, Rusya ve Fransa'nın yanında olacağını dürüstçe beyan etseydi, savaş çıkmazdı, çünkü İmparator, etrafını saran 10 Yahudi'ye rağmen buna asla izin vermezdi: Bethman-Hollwig-Rothschild, Rathenau, Ballin ve Dembury. (*Unrevealed History*, Kont Cherep-Spiridovich)

Rothschildlar, 1770'ten beri tüm siyasi ve finansal olayların belkemiği olmuştur. Adları, her ülkenin tarihinin her sayfasında geçmelidir. Onlardan bahsetmeyen yazarlar, öğretmenler, öğretim görevlileri ve politikacılar, ya aldatılmış, ya ikiyüzlü ya da suç derecesinde cahil olarak görülmelidir. (*Unrevealed History*, Kont Cherep-Spiridovich)

Rothschildlar hakkında ayrıntılı bilgiler içeren arşivlerin çoğu, Rothschild'ın baş finansörü olduğu 1871 Komünü sırasında Paris'te kasten yakılmıştır. (La Libre Parole, 27 Mayıs 1905) Şubat 1817'de, Rothschildların uşakları olan Bublikoff ve diğer masonlar, halkı isyana kışkırtmak amacıyla Rusya'ya geçtiler ve Petrograd'a giden hızlı trenleri durdurdular. (*Unrevealed History*, Kont Cherep-Spiridovich)

15 Şubat 1911'de Schiff ve Ortakları, Başkan Taft'ı Rusya ile 1832 tarihli Ticaret Anlaşmasını yenilememesi için ikna etmeye çalıştı. Taft bunu reddettiğinde, Schiff elini sıkmayı reddederek, "bu savaş demektir" dedi. Ardından Luschinsky ve Başbakan Stolypin'in suikastları ve Birinci Dünya Savaşı geldi. (*Towards Disasters; Dangers and Remedies*, Kont Cherep-Spiridovich)

Rothschildlar krallar, prensler ve hükümdarlarla dostluk kurdular, devasa servetler ve unvanlar, lordluklar ve baronluklar, "Sir" ve "Lady" unvanları biriktirdiler ve sayısız onur unvanı aldılar. Başlangıçlarını ve tüm bunları mümkün kılan kurucularını unutmak istediler. Kurucuları, Hesse-Cassel

Landgrave'i tarafından kendisine emanet edilen "beklenmedik serveti" suistimal etmişti.

- Mayer Amschel 1743–1812
- Anselm Mayer 1773–1855
- Salomon 1774–1855
- Nathan 1777–1836
- Karl 1788–1855
- Jacob James 1792–1868

BÖLÜM 24

Rothschildlar, savaş, devrim ve finansal entrikalardaki rolleri hakkında bazı görüşler

Bu bölüm, birbirleriyle pek bağlantılı olmadıkları için kitabın ana metnine kolayca dahil edilemeyen çeşitli yazar ve otoritelerin görüşlerinden oluşmaktadır.

Bununla birlikte, bana göre bunlar önemlidir, çünkü Rothschildların 18. ve 19. yüzyıllarda etkili olan en büyük güçlerden biri olduğu ve büyük olasılıkla bugün de öyle olduğu inancında neredeyse tamamen hemfikir olan tarihçilerin ve araştırmacıların yazıları için bir temel oluşturmaktadırlar.

> Birinci Dünya Savaşı, Eduard Rothschild'e 100 milyar dolardan fazla kazanç sağladı. (Kont Cherep Spiridovich)
>
> Şu anda Almanya'da hazırlıkları süren ve hakkında henüz çok az şey bilinen bu muazzam devrim, Almanya'daki akademik kadroları neredeyse tekellerine alan Yahudilerin himayesi altında gelişmektedir. (*Coningsby*, Disraeli, sayfa 250, 1844–1848 yıllarındaki olaylar hakkında yazarken)
>
> Tarihçiler, onun Rothschild ailesini kastettiği konusunda hemfikirdir. O dönemde neredeyse tüm savaşlar ve devrimler Rothschildlar tarafından finanse ediliyordu. (Disraeli, *Coningsby*, sayfa 218–219)
>
> Milletler Cemiyeti bir Yahudi fikridir. Onu 25 yıllık bir mücadelenin ardından kurduk. (Nathan Sokolow, *Carlsbad*

> *Kongresi'ndeki Siyonist liderler*, 27 Ağustos 1932)
>
> Milletler Cemiyeti tamamen Yahudiler tarafından yönetilmektedir: Paul Hymans, Sir Eric Drummond, Paul Mantaux, Binbaşı Abraham, Bayan N. Spiller, Rusya'da Bolşeviklerin tahta çıkmasına Fransız milyonlarıyla yardım eden Yahudi "uşak" Albert Thomas, "Çalışma Bölümü başkanıdır. Muhteşem bir maaş almaktadır." (*Le Péril Juif Le Règne d'Israël chez les Anglo Saxons*, B. Grasset, Peres, Fransa)

Bu da yine Rothschild'lara atıfta bulunuyor gibi görünüyor ve çoğu durumda "Yahudiler" yerine "Rothschild'lar" kelimesinin kullanılabileceğini belirtmek için özen gösteriyorum.

> Modern sosyal devrimci hareket, 18·yüzyılın ortalarına kadar uzanır. O zamandan beri, birçok biçim alan, ancak özünde aynı olan, sürekli bir yıkıcı kışkırtma akışı olmuştur; bu akış, Rusya'yı sular altında bırakan ve medeniyetimizi yutmakla tehdit eden gerçek bir sel haline gelene kadar genişlemiş ve derinleşmiştir. (*The Revolt Against Civilization*, Lothrop Stoddard)
>
> Büyük devrimci hareketler, 18·yüzyılın ortaları ile sonları arasında, 1770'de Amschel Rothschild'in Hesse-Cassel Landgrave'inin yöneticisi olmasıyla başladı. Amschel, 18·yüzyılın tüm Miliukov, Kerenski ve Lenin gibi isimlerini, tıpkı E. Rothschild'in 20·yüzyıldakileri işe aldığı gibi, yıkıcı kışkırtmalarını başlatmak üzere işe aldı. (Kont Cherep-Spiridovich)
>
> Dünya çapında önemi olan gerçekler çok az kişi tarafından bilinmektedir ve daha fazla gerçeğe ihtiyacımız var. İnsanlık, gerçeklere sahip olmadan ışığı bulamaz. (*Chicago Daily News* editörü)
>
> Abbe Burruel'in 18·yüzyılda ve Churchill'in 20. yüzyılda bahsettiği bu müthiş mezhep nedir? Cevap, Hıristiyanlığın ve Hıristiyanlığa dayanan medeniyetin gücünü belirleyebilir. Bu, Rusya dışındaki bir güçtü; dünya çapında bir güçtü ve 'in

Rusya'sını ve ayrıca Hohenzollers Hanedanı'nı yıkacak kadar güçlüydü. Bu neydi? (*Dünya Kargaşasının Nedeni*, Nesta Webster, sayfa 35)

Lloyd George, hiçbir devlet adamının veya hükümdarın savaşa neden olduğuna inanmadığını söyledi. Dünyanın tüm gerçeği öğrenmesi bir asır sürebilir. (Senatör Copeland, Kongre Kayıtları)

Rothschild Hanedanı, birkaç din kardeşiyle birlikte dünyayı ele geçirmek için komplo kuruyor. (*Rothschildların Sırrı*, Bayan Mary Hobart)

Kaiser, savaş ilan edip edemeyeceğini öğrenmek için Rothschild'e danışmak zorunda kaldı. Başka bir Rothschild, Napolyon'u deviren çatışmanın tüm yükünü üstlendi. (*The New York Times*, 22 Temmuz 1924)

Berlin'deki İmparatorluk Arşivlerinde, Rothschild'in II. Wilhelm'e savaşı teşvik eden bir mektubu bulundu. (*Yahudiler Hakkındaki Gerçek*, Walter Hurt, sayfa 324)

Halk için, tarihe çok fazla ışık tutabilecek olan (Rothschild ailesinin) arşivleri, derin bir sır, gizli tutulan mühürlü bir kitaptır. (*Rothschildlar, Dünyanın Finansal Hükümdarları*, John Reeves, sayfa 59)

Bismarck, Beaconsfield (Disraeli), Fransız Cumhuriyeti, Gambetta vb., hepsi de hiçbir şeyden ibaret bir güçtür. Sadece bir serap. Onların efendisi ve tüm Avrupa'yı yöneten, yalnızca Yahudi ve onun bankasıdır. Yahudi VETO'yu tercih edecek ve aniden Bismarck düşecek... Rothschildlar için, Amerikan isyanının ve Fransız Devrimi'nin patlak vermesinden daha elverişli bir olay olamazdı , çünkü bu ikisi, onların o zamandan beri edindikleri muazzam servetin temellerini atmalarını sağladı. (*The Rothschilds Financial Rulers of the World*, John Reeves, sayfa 86)

Bayan Nesta Webster, uluslararası finansörlerin (devrimler ve savaşlar için) parayı sağladığı sonucuna varmaktan

> kaçınamaz. Dahası, fonları sağlayanlar Yahudi finansörlerdir; son iki bin yıldır devrimlerin kışkırtıcıları Yahudilerdir. Organize hükümetin mücadele etmek zorunda olduğu beş ana organize korkunç hareketin gizli iç konseyi Yahudilerdir. (*The New York Times*, 8 Mart 1925)
>
> Tarihin tamamında, hiç kimse bu kadar zıt ve yoğun duygular uyandırmamış ya da insanlığın bu kadar hayranlığını, korkusunu ve nefretini kazanmamıştır. (*Napolyon*, Hebert Fisher)
>
> Zenginlik veya soylu bir aileden gelme gibi hiçbir avantaja sahip olmadan doğan bir adam, Napolyon, 35 yaşından önce dünyanın efendisi oldu ve 46 yaşında eşi benzeri görülmemiş romantik bir imkansızlık olan kariyerini sonlandırdı. (*Napolyon Ne Kadar Büyük Bir İddiaydı?* Sydney Dark)

Sonuç olarak, kendi çıkarları için savaşları kışkırtma gücüne sahip olan dünya elitinin liderlerinin, büyük planlarına, özellikle de tek bir Dünya Hükümeti diktatörlüğü yapısı içinde Yeni Dünya Düzeni operasyonu kurma planlarına karşı çıkan, eskiden önemli olan ulusal liderleri de yıkıp karanlığa gömebilmeleri ne kadar şaşırtıcıdır. Bu planlara karşı çıkacak bir karşı güç oluşturulmadıkça, dünya 2025 yılına kadar acımasız bir diktatörlüğün karanlığına gömülebilir.

Diğer başlıklar

OMNIA VERITAS
OMNIA VERITAS LTD SUNAR:
AMERIKA'YA KARŞI UYUŞTURUCU SAVAŞI
Uyuşturucu ticareti ortadan kaldırılamaz, çünkü bu işin başındaki kişiler dünyanın en kârlı pazarının ellerinden alınmasına izin vermeyeceklerdir...
YAZAN: JOHN COLEMAN
JOHN COLEMAN
AMERIKA'YA KARŞI UYUŞTURUCU SAVAŞI
Bu lanetli ticaretin asıl destekçileri, bu dünyanın "seçkinleri"dir

OMNIA VERITAS
OMNIA VERITAS LTD SUNAR:
DÜNYA DÜZENI'NIN SOSYALIST DIKTATÖRLÜĞÜ
Bunca yıl boyunca, bizler Moskova'daki komünizmin kötülüklerine odaklanmışken, Washington'daki sosyalistler Amerika'yı soymakla meşguldü!
YAZAN: JOHN COLEMAN
JOHN COLEMAN
SOSYALIST DÜNYA DÜZENI'NIN DIKTATÖRLÜĞÜ
"Washington'daki düşman, Moskova'daki düşmandan daha çok korkulacak bir şeydir."

OMNIA VERITAS
OMNIA VERITAS LTD SUNAR:
TAVISTOCK İNSAN İLIŞKILERI ENSTITÜSÜ
Amerika Birleşik Devletleri'nin ahlaki, manevi, kültürel, siyasi ve ekonomik çöküşünü şekillendirmek
Tavistock olmasaydı, I. ve II. Dünya Savaşları yaşanmazdı...
yazan: John Coleman
JOHN COLEMAN
TAVISTOCK İNSAN İLIŞKILERI ENSTITÜSÜ
Tavistock İnsan İlişkileri Enstitüsü'nün sırları

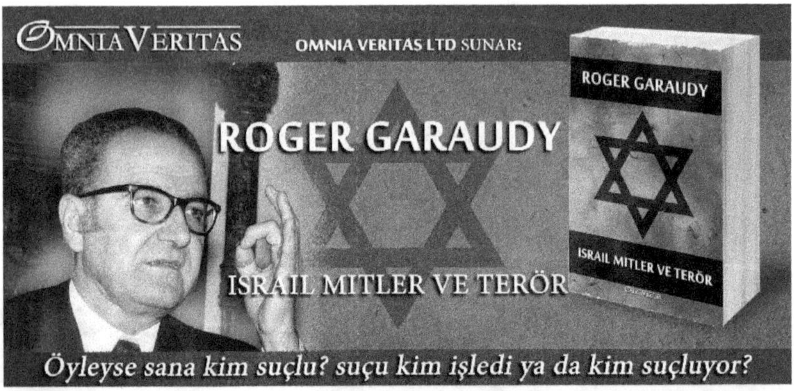
OMNIA VERITAS
OMNIA VERITAS LTD SUNAR:
ROGER GARAUDY
ISRAIL MITLER VE TERÖR
ROGER GARAUDY
ISRAIL MITLER VE TERÖR
Öyleyse sana kim suçlu? suçu kim işledi ya da kim suçluyor?

www.ingramcontent.com/pod-product-compliance
Lightning Source LLC
LaVergne TN
LVHW010936061026
849535LV00007B/2432
9781805404002